现代高中英语教学改革与创新

乔自点　吴志兴　付群博◎著

吉林文史出版社

图书在版编目（CIP）数据

现代高中英语教学改革与创新 / 乔自点， 吴志兴，付群博著. — 长春 ：吉林文史出版社，2023.10
ISBN 978-7-5472-9919-7

Ⅰ．①现… Ⅱ．①乔… ②吴… ③付… Ⅲ．①英语课－教学改革－研究－高中 Ⅳ．①G633.412

中国国家版本馆CIP数据核字(2023)第204936号

XIANDAI GAOZHONG YINGYU JIAOXUE GAIGE YU CHUANGXIN

书　　名	现代高中英语教学改革与创新	
著　　者	乔自点　吴志兴　付群博	
责任编辑	张宏伟	
出版发行	吉林文史出版社	
地　　址	长春市福祉大路5788号	
印　　刷	北京四海锦诚印刷技术有限公司	
开　　本	787mm×1092mm 1/16	
印　　张	11	
字　　数	225千字	
版　　次	2024年4月第1版	
印　　次	2024年4月第1次印刷	
定　　价	52.00 元	
书　　号	ISBN 978-7-5472-9919-7	

前　言

近年来，随着教育理念的不断更新和社会的快速发展，高中英语教学改革与创新成为教育界关注的焦点之一。尤其是新课标的实施，为高中英语教学带来了新的机遇和挑战。新课标秉承着以学生为中心、注重能力培养的教育理念，旨在提高学生的语言综合运用能力和跨文化交际能力，培养具有创新思维和全球竞争力的人才。新课标背景下的高中英语教学改革，意味着教师需要积极转变教学方式，采用更加灵活多样的教学手段和策略，注重培养学生的自主学习能力和合作精神，关注学生的个性差异，因材施教，为学生提供个性化的学习支持和指导。

鉴于此，本书以"现代高中英语教学改革与创新"为题，首先阐述新课标背景下高中英语教学理论，内容包括英语教学及其学科、高中英语教学理念与原则、高中英语教学形式的多元探索、新课标下高中英语课堂的管理框架构建；其次对新课标背景下高中英语教学的设计、高中英语教学的策略、高中英语教学的评价、高中英语教学改革的实施进行探讨；最后对新课标背景下高中英语教学人才的创新培养进行探究。

本书从新课标背景下高中英语的研究与探索的角度出发，分析高中英语教学的改革与创新，并探索多样的新颖的教学策略，从而改进传统教学，提高英语教学质量，对从事高中英语教育专业的研究学者，以及教育工作者有学习和参考的价值。

在本书的创作过程中，笔者深受众多专家学者的悉心指导与支持，在此衷心表达感激之情。鉴于笔者自身学识有限，且受制于紧迫的时间限制，书中所涵盖的内容难免存在不当之处。因此，恳请各位尊敬的读者提供宝贵的意见和建议，以便笔者能够进一步修订，使其更加完善。

目　录

第一章　新课标背景下高中英语教学理论

第一节　英语教学及其学科分析

一、英语教学的理论支撑

（一）英语教学的发生认识论

英语教学的发生认识论涉及对英语教学过程中的知识获取、知识传递和学习方式的理论思考和探讨。在教育领域，认识论是研究知识本质和知识如何产生的一个分支学科。在英语教学中，发生认识论主要关注以下方面：

第一，知识的本质：英语教学的发生认识论考查英语知识的特点和属性。它涉及对英语语言的结构、语法、词汇、语用等方面的理解，以及英语学习者如何获取和理解这些知识。

第二，学习者的认知过程：发生认识论关注英语学习者在学习英语时的认知过程。这包括学习者对英语知识的获取、理解、应用和评估等方面的认知过程，以及学习者在不同阶段的认知发展和认知能力的提高。

第三，教学方法和策略：发生认识论还探讨了在英语教学中如何促进学生的认识发展和知识获取。这包括选择适当的教学方法和策略，以及在教学中如何激发学生的思维、观察、分析和评估能力，使他们能够主动参与和构建知识。

第四，教师的角色和指导：发生认识论还涉及教师在英语教学中的角色和指导作用。教师在教学中应该充当引导者和促进者的角色，引导学生积极参与认知活动，帮助他们建立和发展有效的认知策略和技能。

第五，学习环境和资源：发生认识论认识到学习环境和资源对英语教学的重要性。教学环境应该创造积极的学习氛围，提供多样化的学习资源，以支持学生的认知发展和知识获取。

总而言之，英语教学的发生认识论强调英语学习者在学习过程中的认知活动和认知发展，以及教师在教学中的引导作用，它提供了理论基础和指导原则，帮助教师设计和实施有效的英语教学策略，促进学生的认知能力和语言发展。

（二）英语教学的语言学理论

英语教学的语言学理论涉及对语言结构、语法规则、词汇和语用等方面的理论研究和应用，以下是英语教学中常见的语言学理论：

第一，结构语法理论：结构语法理论关注语言的结构和组织方式。在英语教学中，结构语法理论被广泛应用于教授英语的句子结构、短语结构、词类和句型等方面。教师可以基于结构语法理论设计教学活动，帮助学生理解和应用英语的语法规则。

第二，生成语法理论：生成语法理论强调语言的生成过程和规则。在英语教学中，生成语法理论可以用来解释句子的生成和分析，帮助学生理解句子结构和语法规则。教师可以通过生成语法的原则，引导学生形成正确的句子结构。

第三，语用学理论：语用学关注语言在实际交际中的使用和意义。在英语教学中，语用学理论可以帮助学生理解和运用英语的交际策略、语言功能和语境适应等方面。教师可以引导学生学习不同语境下的语言使用方式，培养他们的交际能力。

第四，语音学理论：语音学理论研究语音的产生、传播和知觉。在英语教学中，语音学理论可以帮助学生正确发音和理解英语的音系与音变规则。教师可以教授语音学知识，帮助学生纠正发音错误，并提高他们的听力能力。

第五，词汇学理论：词汇学理论关注词汇的构成、分类和使用。在英语教学中，词汇学理论可以帮助学生学习和记忆英语的词汇，了解词汇的形态变化和语义关系。教师可以利用词汇学理论的知识设计词汇教学活动，提高学生的词汇水平。

以上语言学理论在英语教学中相互交叉和综合应用，帮助教师和学生深入理解英语语言的结构、功能和使用规则，从而促进英语学习者的语言能力和交际能力的发展。

（三）英语教学的第二语言习得理论

英语教学的第二语言习得理论是指解释和理解学习者如何获得第二语言（英语）的知识和能力的理论框架，以下是英语教学中常见的第二语言习得理论：

第一，自然习得理论：自然习得理论认为学习第二语言的过程类似于儿童学习母语的过程。学习者通过接触语言环境中的输入，逐渐习得语言的语音、词汇、语法和语用等方面的知识，无须过多的意志努力。

第二，社会交互理论：社会交互理论强调社会交互对于第二语言习得的重要性。学习者通过与他人进行真实的、有意义的语言互动，获得语言输入和反馈，从而促进语言习得的发展。

第三，输出假设理论：输出假设理论认为通过产生语言输出，学习者能够加深对语言的理解和掌握。通过积极参与口语和书面表达的实践，学习者可以更好地应用和内化语言知识。

第四，修正假设理论：修正假设理论关注情感因素对第二语言习得的影响。修正假设理论认为，学习者的情感状态（如焦虑、自信等）会影响他们对语言输入的接受和习得效果。降低焦虑、提高自信可以促进语言习得。

第五，建构语言学理论：建构语言学理论强调学习者通过对语言形式和功能的认知建构来习得语言。学习者根据自己的经验、认知模式和语境进行语言习得，通过不断的试错和调整来建构语言知识。

以上第二语言习得理论提供了对学习者在学习英语过程中的认知、社会和情感因素的不同角度的解释和理解。教师可以根据这些理论，设计和实施适合学习者需求的教学策略和活动，促进他们的英语习得和语言能力的提高。

二、英语教学的学科分析

（一）英语教学的比较语言学

比较语言学诞生于欧洲，兴起于 18 世纪中后期，所以又被人称为历史比较语言学，它研究的目标是欧洲的各类语言系统，主要工作分两个方面：第一，对各类语言进行比较，目的在于获取它们的共同母语，确定亲缘关系，便于提升语言教学的作用。具体分为两个步骤：①对语言产生的历史，语言发展的阶段进行对比；②分析语音和词汇以及语法的不同点或者关联性。第二，寻找语言发展的原因，分析语言历史上语言的变化阶段，尤其是对语言有重大影响的阶段等。

（二）英语教学的社会语言学

社会语言学是人类社会交际功能的必然体现，对其研究主要有两个方面：首先，语言具有的人际交往的社会本质；其次，不同种语言中存在的差别。研究者在探寻的过程中认为，学习母语，其本质就是社会化的体现，交际能力因此被研究者海姆斯提出，交际能力即为社会化交往所需要的能力，其中包括了语言的能力。

（三） 英语教学的心理学

1950 年，以华生和斯金纳为代表，在全美国掀起一股研究心理学的热潮，自此，行为主义心理学诞生。行为主义心理中的行为是指人们在所处环境的刺激作用下，进而表现出的反应。其中，可以把环境当成刺激，在此条件下，行为人的行为是反应的体现，这种反应是后天环境所塑造的，这个理论在后来取得了重要的作用，最著名的就是巴甫洛夫提出的条件反射理论，还有随后斯金纳创造的操作条件反射，对人类的发展起到极大的作用。

1950—1960 年，美国掀起一股学习人本主义心理学的热潮，其中以马斯洛和罗杰斯为代表。另外，人本主义心理学主要由两方面构成，分别为思维和情感。学习活动也是在此基础上进行的。行为人学习时，大脑产生认知，即思维开始运转，并且，行为人心理产生活动，伴有情感出现。人本主义心理学对这一现象的阐释是，思维是认知因素，情感是情意因素，二者同时产生，同时发生作用，并且互相作用，相互影响。因此，如果单纯以认知或者情感来进行某项学习行为，人是无法做到的，这一结论对今后美国的教育，起到了至关重要的作用，并且为美国的教育发展指引了明确的方向。即教学应注重教学过程和教学方法，而不是教学的结果和教学的内容。就是指在教学时帮助学生共同学习，用理性的思维的认知和互相交流的情感（如师生之谊，朋友之情）来促进学习，这是学习过程的关键之处，也是学习目的所在。

人本主义的理论主张学习者在学习中处于主要地位，强调以学生为核心，以教师为辅助的教学方式，认为学习的过程，就是让行为人体会学习本身对于个人的意义。人本主义学习理论认为学习是个人自主发起的，对学习本质的揭示是从人的自我实现和个人意义的角度加以描述，本质上是个人在学习中获取的知识，并作用于自身而引起变化的活动，体现出个人对自我的塑造、提升和发展。人本主义理论认为人们的学习方式具有 10 项原则，具体包括以下内容：①人的好奇心是天性使然，人类自出生时就具备学习的潜能；②如何让学生认为学习是一件有意义的事情，关键是要将学习内容与他们自身的目的相关联；③不要轻易怀疑学生的学习态度，和他们的学习信念，这样会使学生产生抵触情绪；④等级评分必然会带来歧视和嘲笑，只有在完全轻松、互相支持与鼓励的环境中，才能让所有的学生积极学习；⑤对学生最有利的学习环境是富有安全感，而不是挫败感，这样学生才能全身心地投入学习中，才能集中注意力，才能取得进步；⑥学习的最大价值，体现在共同参与中，而不是听讲，是在做中学，在学中会；⑦培养学生的责任心非常重要，他们会对自己有要求，这样有助于学习；⑧最深入的学习方式，往往是由内心深处的渴望引起，显然，只有他们自己愿意，才能做到；⑨不要随意评判学生，只有学生自己才有这个权利，这样学生才能独立自主地学习，才能保有学习热情；⑩学习知识不是固有的公式，而是一个积极实践的过程，是一个开放的学习环境，是自我内化于心的知识积累。

人本主义理论将学习的过程视为情感与认知的交流与融合，以此作为人类学习的目的所在。人类学习中，情感和认知缺一不可，并且不能单一而论。一个完整的学习过程，就是紧密地围绕教育者与学生彼此的精神交流的过程，教师不能向学生灌输式地传授知识，也不能将教学分成阶段性的课程次序，要努力培养学生的自学能力，并且将自我学习能力不断进行巩固提升。因此，教学的重点，在于让学生共同参与的学习过程，而不是教师单方面采取知识灌输的方式。

第二节　高中英语教学理念与原则

一、高中英语教学理念

高中英语教师应该努力在教学实践中摸索出一条属于自己的、从教育对象实际出发的教育教学思路，树立全新的教学理念。

（一）面向全体学生，满足不同英语学习需求

普通高中教育是面向大众的基础教育，英语教学也必然要为全体学生终身发展奠定基础。学生在英语课程学习中会存在智力、习惯、兴趣、性格、态度、语言基础、能力、学习方式等方面的差异。教师要承认和尊重差异，以先天的禀赋为基础，尽可能挖掘和发挥学生学习英语的潜能，并获得稳定的、长期发挥作用的基本品质结构，对于学生英语学习过程中的思想、知识、身体、心理品质等，教师都要认真关注，以便满足不同学生的不同学习需求，真正做到面向全体学生。

（二）重视英语基础学习，为未来发展创造条件

帮助学生打好语言基础，为他们今后升学、就业和终身学习创造条件，并使他们具备作为现代人才应具备的基本英语素养，这应该是我们的英语教学方向。随着我国的对外开放在政治、经济、文化和社会发展中地位的不断上升，对外交流的机会越来越多，外语学习已经成为全社会共同的需求，通过学校教育获取外语知识的途径越来越重要。那么，新

的英语教学方向就既要顺应时代潮流和人的自我发展需求，也要顺应未来社会发展的需求，使英语教育成为一种积极的，以关注人生、成就人生为主导的人文教育。

另外，除了英语知识本身的基础外，还有具备运用英语的基本技能。根据学生的认知特点和学习发展需要，着重提高学生用英语获取信息、处理信息、分析和解决问题的能力，培养学生用英语进行思维和表达的能力，为学生进一步学习和发展创造必要的条件。

（三）注重优化学习方式，提高学生自主学习能力

优化学习方式就是使学习方式尽可能完善，从而产生最佳效率，而一个完美的或高效的学习方式有赖于学生的自主学习能力，以达到自我调节和自我完善的目的。培养自主学习能力的过程就是进行自主学习的过程，也是引导学生培养积极主动的学习方法，以形成各自有效的学习策略的过程。学习方式不仅是具体的学习方法，而且是指学习新知识或解决问题时采取的一贯方式。学生接受教师所传授的、课堂所讲授的、书本所传授的知识，然后去理解、记忆并回答考试题的传统教学方式虽然能使部分学生打下扎实的基础，但学生没有受到应有的尊重，得不到应有的发展"空间"，难以发挥主动性和创造性。

二、高中英语教学原则

（一）英语教学的交际性原则

语言作为人们交流思想的工具和传递信息的媒介，在交际中发挥着重要作用。交际是在一定语境下，说者与听者或作者与读者之间，进行意义转化的过程。由此定义我们可以得出三点启示：①交际包括口语和书面语两种形式；②交际总是发生在一定的语境之中；③交际需要两个以上的人参与并产生互动。实现用英语交际，是学英语的最主要目的，因此，提升学生的英语交际能力是高中英语教学最主要的目标。所谓交际能力，是指能根据场合和交流对象的不同，运用所掌握的语言知识进行有效交际。为了帮助学生学以致用，实现用英语和他人交流的目的，高中英语教学过程要始终坚持交际性原则，要在教学过程中努力做到以下方面：

第一，认清英语课性质。英语课是培养技能的课程，在课上，老师教课和学生学习时，都应该意识到英语作为一种语言，是交际的工具。英语教学的终极目标，不是让学生记住很多独立的词汇，或者了解一堆语法，而是要让学生获得用英语和他人交流的能力。英语的教、学和用是相辅相成的，它们有机地结合在一起，以用为核心，是由各方面构成的一个有机的、相辅相成的统一体，其中的核心在于使用。因此，教师转变以往陈旧的教

学观念，认清课程的性质，是落实交际性原则首先需要解决的问题。

第二，注意情景设置，通过开展各种交际活动，训练学生使用英语交流的能力。语言是一种交际工具，交际则需要在一定情景下进行。语言交际的情景条件包括时间、空间、说者、听者、话题、交际方式等。在一定情景下开展英语教学，是语言交际本身特点的要求，也是提高学生学习效果的需要。结合教材设置情景时，可以综合使用各种教具，追求逼真、贴近学生日常生活，充分体现交际性。身临其境地学习和使用英语，不但能提高学生学英语的兴趣，还能帮助他们把学和用结合起来，更好地掌握和使用英语。

第三，让学生能够得体地使用英语。英语教学的终极目标，是让学生能够用英语与他人进行交流。在以往，英语教学往往将重点放在让学生掌握正确的语法结构上。坚持英语教学的交际性原则，应提高学生的英语交际能力，让他们能够根据具体的时间、地点、说话对象，调整说话的内容和方式。另外，创设情景，开展多样的交际活动，课堂游戏、讲故事、猜谜语、编对话、角色扮演、话剧表演、专题讨论或者辩论等，都有助于学生在创设的情景中充分表现自己，从而掌握地道的语言。

第四，精讲多练。英语课堂上的主要活动，首先是讲，即老师向学生讲解英语知识；其次是练，即学生练习使用所学的英语知识。为了帮助学生高效地进行学习，老师有必要在课上讲解一些英语知识，因为英语的学习是一种技能学习，必须通过练习才能真正掌握。教师要时刻意识到，讲解英语知识是为了让学生在训练中获得更好的效果，不但要留出时间给学生进行训练，而且要对学生在训练时遇到的问题进行针对性的辅导，这样进行英语教学，一方面能提升学生的英语交际能力，另一方面也有利于学生养成良好的学习习惯和思维习惯。

第五，教学内容和教学活动设计要保证真实性。语言和生活是紧密联系在一起的，选择教学内容、设计教学活动，一方面，要考虑学生的日常生活和他们关注的话题，提供给学生的材料要充足、丰富，题材要多样化，符合学生的真实生活；另一方面，要使用真实的语言，编写教材和授课，即教材和教学用语，不应只是为了讲课而设计，而要和英语母语者交际时使用的一样，在他们的生活中也能找得到。

（二）英语教学的兴趣性原则

兴趣是最好的老师，是推动学生学习英语的最强有力的动力，学习兴趣是学生积极探求事物并带有感情色彩的认识倾向，它可以使学生在学习活动中变得积极主动，从而获得更好的学习效果。学习兴趣有四项功能：①定向功能。学习兴趣作为影响学习过程的一种非智力因素，其作用是最为明显，也是最为持久的，它往往决定着学生的进取方向，为学生一生的事业奠定基础。②动力功能。学习兴趣与人的情感活动密切相关，可以直接转化为学习的动力。当学生对英语学习具有浓厚的兴趣时，学习就不再是一种负担，而是一种乐趣。③支持功能。英语学习是一个漫长而又复杂的学习过程，伴随着许多的困难与挫折，学习兴趣在于克服困难、战胜挫折、保持旺盛的精力，对学习起着支持的作用。④偏重功能。人们往往从自己的兴趣出发去审视事物，表现在英语学习上就是每个学生的兴趣不同，其学习的侧重点也就有所不同。有的学生对记忆单词特别感兴趣，有的学生特别喜欢阅读英语文章，还有一些学生特别喜欢用英语写点东西。对于这些侧重点的差异，教师需要因势利导，在学生原有侧重点的基础上，引导到全面正确的轨道上来。高中生英语学习兴趣的培养和提高可以从以下方面着手：

第一，加深对学生身心特点的了解，尊重其学习的主体性地位。学生是英语学习的主体，英语学习主要是由学生自己来进行的。传统的英语教学，在开始时花费大量时间教授音标、语法和单词，重视词汇的记忆和背诵，将此过程视为夯实学生英语基础的必需阶段。教师要摒弃传统教学方式，充分了解学生的身心特点，帮助学生改变以前的学习方式，给学生体验和实践的机会。英语课的开展要顺应语言学习规律，通过各种丰富的活动来进行，如听看结合，听做结合，读写结合，甚至可以采用歌唱、做游戏或表演的方式，这样既能提高学生的学习兴趣，也能让他们拥有良好的语感，最终实现用英语交流的目的，尤其是在学习的初级阶段更要如此。

第二，不能只重视死记硬背和机械操练。虽然学英语有时也只能死记硬背，并且需要一定机械化的练习，但是以此作为学英语的主要方式不利于培养学生学英语的兴趣。英语教学要提高教学设计水平，制定科学的学习策略，结合生活情景教授英语知识，让学生在情景中进行实践。教学方式和氛围应该重视对学生思维上的启发，促进学生知识获取渠道的多样化，帮助学生迅速将知识内化，将所学知识熟练地应用到听说读写的各种交际方式中，做到活学活用，真正掌握英语这个交际工具。通过这样的方法，教师在培养学生的英语交际能力的同时，还能提升其综合素质，激发学生的英语学习兴趣。

第三，挖掘教材中学生感兴趣的内容，增强课程的趣味性。英语教学往往是围绕教材内容开展的，教师在备课阶段，要对教材进行深入研究，要想最大限度地调动学生的积极性，就要在备课中认真地研究教材，对学生感兴趣的教材内容进行挖掘，设置他们喜欢的内容和活动，增强课程的趣味性和新鲜感。

第四，善于鼓励和表扬学生，关注其英语的进步，让学生增强自信心，提高成就感。学习效果越好，收获越多，进步越大，学生学英语的兴趣就越持久。所以，教师要善于用多种方式激励学生，比如给表现好的学生发奖品，制定任务让学生去完成，并且根据完成情况给予荣誉，以及对学生表示认可。如此，学生会更积极、更大胆地学习和使用英语、参加活动，从而获得成就感。

第五，设计教学素材，要注意从学生感兴趣的话题入手，这方面有很多具有启发性的案例。例如，数字是英语教学内容之一，在课上，学生可搜集一些数字，作为很好的教学素材，让课程开展得活泼有趣。

第六，教师要多和学生交流。①每个学生的家庭和成长环境不同，教师要付出自己的真心与爱心，对学生一视同仁，积极用不同方式和学生交流，与学生成为朋友，将自己对工作的热爱辐射到学生身上。②学生经常因为喜欢某个老师而喜欢上其所教授的课程。所以，教师要争取让学生尊重自己、喜欢自己，要表现得幽默活泼。③学生对于课程和老师的良好情绪，能够激发他们的学习兴趣。教师要在教学过程中，融入思想教育，通过包容的课堂气氛，引导学生树立正确的道德观念，培养学生对英语的热情，同时要避免让学生的自尊受到伤害。④教师一方面要对学生严格要求，另一方面要为学生的学习营造和谐氛围，善于通过神色表情、肢体语言和话语影响学生。

第七，采用科学的方式对学生进行评价。传统的应试教育极大地扼杀了学生的学习兴趣。首先，在英语教学方面，应主要采用形成性评价的方法，这些方法是日常教学中常见的。教师要注意学生是否有良好的学习态度，是否在努力学习和积极实践，以及在交流和协作方面的表现如何。其次，在考试方式上，可以把笔试和口试结合起来，尤其是对高中生进行期末考试时。笔试可以实现对学生英语听读情况和英语基础写作能力的考查，口试可以实现对学生英语交流能力的考查。而且，记录成绩的方法，应该采用达标法或者等级制，不能根据学生的考试成绩给他们排队或进行选拔。

（三）英语教学的灵活性原则

在英语教学、学习和使用方面只有做到灵活，才能真正激发学生的学习兴趣，一方面，这是语言自身性质的要求，因为语言作为日常生活中不可分割的一部分，本身就是开放的、发展的、灵活的；另一方面，这也是学生实际特点的要求。高中英语教师要灵活地根据实际情况采用各种方法教英语，让学生学习和使用英语，英语教学才能活泼有趣。

第一，教学手段的灵活性。首先，英语教学方法和派别有很多，各有长处也各有局限性。教师对于视听法、语法翻译法和交际法等英语教学方法，要看到它们各自的优势，兼容并收，而不能因为某种方法当下更流行就只遵循一种方法。其次，英语教学既要教授语言知识，也要教授语言技能。语言知识的主要内容是词汇、发音和语法等，每种内容的特点都是不一样的。语言技能的主要内容是听、说、读、写，此外还有很多小技能。然后，学生作为学习的主体，相互之间也存在差异。基于以上原因，英语教学要根据教学方法、教学内容、学生和教师的不同特点来进行。教学活动应该是丰富而多样的，教学方法应该是丰富而具有创造性的。活泼有趣的英语教学，才能提升学生的学习热情，激发学生的学习潜能。教学的内容也要体现多样性的原则，不光要教英语，还要教学习方法，结合英语教学教学生如何做人。

第二，学习的灵活性。教学方法和教学内容的灵活性可以有效地带动英语学习的灵活性。要努力改变以往机械性学习方法，帮助学生探索合乎英语语言学习规律和符合学生生理、心理特点的自主性学习模式，使学生能够自我导向、自我激励、自我监控；静态、动态结合，基本功操练与自由练习结合；单项和综合练习结合。通过大量的实践，使学生具有良好的语音、语调、书写和拼读的基础，并能用英语表情达意，开展简单的交流活动，开发其听、说、读、写综合运用语言的能力。

第三，语言使用的灵活性。英语学习的关键在于使用，教师要通过自身灵活地使用英语来带动和影响学生使用英语。教师应尽可能多地用英语组织教学、用英语讲解、用英语提问、用英语布置作业等，使学生感到他们所学的英语是活的语言。英语教学的过程不应只是学生听讲和做笔记的过程，而应是学生积极参与，运用英语来实现目标、达成愿望、体验成功、感受快乐的有意义的交际活动过程。

（四）英语教学的宽严结合原则

所谓的宽与严是指如何对待学生在学习过程中所出现的语言错误，也就是如何处理准确和流利之间的关系。英语学习是一个漫长的内化过程，学生从开始只懂母语，一直到最后掌握一种新的语言系统，需要经过许多不同的阶段。从中介语的观点来看，在各个阶段，学生所使用的语言是一种过渡性语言；它既不是母语的翻译，也不是将来要学好的目标语，这种过渡语免不了会有很多的错误。传统的分类方法将错误分为语法、词汇和语言错误。语法错误又被进一步分为冠词、时态、语态错误等，这种分类方法，主要基于语言形式，而忽视了语言的交际使用。对于各种错误的分析，是第二语言习得研究的重要课题，因为通过对于这些错误的分析，可以发现学生的学习策略，其实这些策略也正是学生产生这些错误的原因。

高中英语教学宽严结合的原则实际就是要正确处理准确和流利之间的关系，但是这种说法只是强调了准确的重要性，正确的态度应该是既要强调准确性，又要重视流利程度。另外，对于初学者而言，要更多地鼓励他们使用英语进行交际；对于中等以上的学习者，可以适当地纠正其语言中的偏差，但是要以不打击他们的学习积极性为前提。

（五）英语教学的输入输出原则

所谓输入是指学生通过听和读接触英语语言材料，所谓输出是指学生通过说和写来进行表达。心理语言学研究表明，输出建立在输入的基础之上；在此意义上，输入是第一性的，输出是第二性的。首先，在人们学习英语的过程中，能理解的总是比能表达的要多。换言之，人们所能听懂的，永远比能说的要多；而所能读懂的，又比所能写的多。我们能欣赏小说、散文和诗歌等优秀的文学作品，但我们自己并不一定能写出来。其次，语言输入的量越大，语言输出的能力就越强。高中英语教师在教学过程中应该注意以下方面：

第一，尽可能多地让学生接触英语。要通过视、听和读等手段，多给学生可理解的语言输入，如声像材料的示范和贴近学生日常生活和学习、适合学生的英语水平、具有时代特色的读物等。另外，学生学习的内容不要局限在课本之内，教师应该打破课内外的界限，帮助学生扩大语言接触面。

第二，输入内容和输入形式的多样化。学生接触的英语既要有声的、又要有图像的，还要有文字的，而且语言的题材和体裁以及内容要广泛，来源多样化。例如，在日常生活中，尤其是在大中城市中，每天都会接触到英语。另外，我们还要注意根据上述语言输入的分类，尽可能地为学生提供多种形式的输入。

第三，强调学生的理解能力。只要学生能理解的，就可以让他们听，让他们读。而且，还可以只要求学生理解，而不必立刻要求他们用说和写的方式来表达。从教学目标而言，对语言技能应该有全面的要求，但是从教学的方法来看，应该先输入，后输出。

第三节　高中英语教学形式的多元探索

一、高中英语的个性化教学形式

（一）高中英语个性化教学目标

作为教学实践的逻辑起点，教学目标贯穿教学活动的全过程，规定着教学活动的方向及进程。然而，在现实的教学活动中，教学目标往往消解了学生的主体地位，忽略了学生的个体差异，"同班学生、同一时间、同样目标"的这种统一化、同质化的教学目标普遍存在。高中英语教师在制定教学目标时，多是从抽象人角度出发，提出一个或一系列一般性的、整体性的要求，没有考虑到具体学生个体之间的差异，即在事实上形成了对学生"具体个人"的忽视，没有把学生作为课堂教学目标实现的主体，而是把教师作为课堂教学目标实现的主体。因此，个性化教学目标，即在尊重学生个体差异的基础上，通过师生对话所生成的教学活动实施方向与预期结果。

1. 英语个性化教学目标实现条件

对于高中英语教学而言，设计个性化的教学目标通常需要以下三个基础性条件：

（1）厘清课程，个性化教学目标设计在于引导师生教学活动的实施，然而这种实施仍需要建立在共同的现实载体——课程上。因此，厘清课程理当成为目标生成的前提，其核心在于教师要通过课程本质的科学定位、课程内容的合理解读，从而形成学科教学目标生成的逻辑基础。

（2）熟悉学生，个性化教学目标的宗旨在于引领所有学生的全面、和谐发展，这种发展势必应充分凸显学生在教学活动中的主体性价值。因此，熟悉学生则成为教学目标生成的关键，其要领在于教师要通过对学生年龄特征的理解、学生个体差异的关怀，形成学科教学目标生成的心理基础。

（3）理论选择，个性化教学目标设计必须保证其科学性、适切性与有效性，这就需要充分的理论研究成果的支撑。因此，理论选择则成为教学目标生成的保障，教师要关注教学目标的经典理论与最新成果，并将理论成果转化为自身的知识与信念，从而为教学目标生成做好技术准备。

2. 英语个性化教学目标生成途径

高中生在学习能力、英语基础、个性等各个方面都存在差异性，并且养成的学习习惯、学习动机也不尽相同。在具体的教学过程中，教师应该根据学生的这些特征，将学生分为不同的层次，如优等生、中等生以及学困生。教师在备课过程中，应该在教学大纲的基础上，根据学生差异性，制定有差异的教学目标。对于优等生而言，不仅要求其能够掌握相关的基础知识，还需要对其英语应用能力进行培养，在学习过程中更加强调学生自主创新能力的培养；对于中等生而言，目标应该是在掌握基础知识的同时，能够在教师或优等生的帮助下，学会自主学习；对于学困生而言，应强调基础学习，要求学生能够掌握基础知识，包括英语句型、语法、词汇等。通过个性化、分层次的教学目标，可以让不同层次的学生在学习过程中体会到完成教学任务的喜悦，能够增强学生的自信心，为学生提供更加强大的英语学习动力。具体而言，高中英语教学的过程中，教师可以从以下三种途径着手，设计个性化的教学目标。

（1）分析学生差异，设计分层教学目标。学生是有个性的、有差异的。要让每个学生得到良好的发展，就得先承认学生有差异、有个性，并以此作为教育工作的出发点和最终目标。例如，高中英语阅读教学，在熟练掌握教材内容和课程标准基础上，针对教学的每个环节，可以设立基础目标和提高目标。在预习中，要求各层次学生紧扣自己的目标但又不拘泥于目标，充分发挥发散思维能力，不仅可以解决目标性教学问题，也可以解决教学目标之外的疑点。

（2）分析教学进度，设计阶段教学目标。教师在教学目标制定过程中，既要考虑英语基础知识和运用能力的目标，也要考虑学习策略和情感目标。教师在课堂上要及时调整自己的教学目标。因此，教师还是要创造性地去使用课标，理性地去分析教材，合理地确定每个学期、每个单元以及每节课的具体目标。

（3）关注学生成长，设计动态个体生成教学目标。关注每个学生的发展，重视个体差异，承认每个学生的知识结构、理解能力、经验或经历上存在的差异。关心学生个体差异，设计目标时要制定高低难易不同的层次。教师不能随意增加或降低课程难度，而应使教学目标具有层次性，因此要更加深入地研究学生。

（二）高中英语个性化教学设计

教师有个体差异性，每个教师都有不同于其他人的特质，其表现出丰富的个性，既包含个体的尊严、完善的人格，又包含个体在生理和心理等方面的规定性和独特性，还包含个体的独立见解及其创新意识和创新能力。教师这种千差万别的个性差异，决定了每一种个性品质的教师都有成为好教师的潜质与可能，这就为教师的个性化成长和个性化教学设计提供了现实基础。由此可见，个性化教学设计的提出，顺应了教学设计的发展趋势，它强调在科学理性中融入教师个性，强调辩证、互动、发展的设计理念，强调教师置身于真实教学情境中才能设计出有效的教学方案，从而使教学设计的理性与创造、科学与艺术有机融合起来。实现个性化的教学设计，高中英语教师在教学过程中应该注重把握以下方面：

1. 英语教学文本个性化分析

从课程实施的层面来看，新课程能否顺利进入课堂，能否内化为教师的教学理念并转化为具体的教学行为，关键在于教师个体能否根据学校、班级学生和教师本人的实际情况对教材文本进行理解和改造，进而对文本形成独特的、个性化的解读，并渗透于教案的设计之中。因此，高中英语教师对新课程的主动参与以及对文本的个性化解读，是新课程改革取得成功的一个至关重要的条件。对文本的个性化解读，旨在打破传统教学理念下教师对教材和教参等文本的"追求",消解文本权威对教师个性的压制,促使教师回归个性的本真。通过这种方式,可以鼓励教师发出自己的声音。只有通过深度解读文本的基本仙涵与教育价值、质疑文本的逻辑性与经验且促成文本知识的激活与价值的内化,教师才能设计出一种具有人文关怀的教学方案,最终达到教师与学生之间、学生与学生之间的生命对话与个性体验。因此,教师对文本的独特解读不仅是个性化教学设计的实现策略,也是他们专业成长与成熟的必然路径。

2. 英语教学的弹性教案设计

弹性教案指的是高中英语教师在进行教学设计时,在遵循科学化、规范化的基础上预留一定的时间和空间,以便在实际教学情境中,随时对教学方案做出必要的补充、调整和修正,以促进知识的生成和生长。对此,有教师提出,可以在教学设计时,在教案的右侧和尾部留出四分之一的空白。右侧空白的功能是补充与完善,用于随时捕捉课堂意外和教学灵感;尾部空白的功能是回顾与反思,用于教师对课堂教学的形成性评价和终结性评价。正是由于弹性化的教学方案预留了时间和空间,因而使教案更充实、课堂教学更富有活力。

弹性教案的旨趣在于给予教学活动以应有的张力和活力,也是对实际教学情境的真正关照和顶层设计。首先,弹性教案给教师提供了临场发挥的策略,解放了教师的思想和情感,让教师可以更加自由地与学生交流,更加有效地促进课堂教学的动态生成和教学创新;其次,弹性教案基于对个体经验的重要性的认识,将学习释放到真实、具体的课堂生活之中,让每一位学生有更多的机会展现自己的想法,促进他们良好品格的养成与学会学习;最后,弹性教案立足设计一个生动活泼的课堂生态,这种设计理念必然会极大地提升教案的品质与效能。

3. 英语教学的研究型教案设计

所谓研究型教案,意指教师以创新为价值取向,以教师的教与学生的学面临的问题为出发点,进而捕捉问题、确定问题的性质、分析解决问题的方法,最终达到解决问题的目的。随着信息时代和学习型社会的到来,教师的教与学生的学都面临前所未有的新的挑战。为了应对挑战,教师必须将教学设计视为一个不断丰富、不断发展和不断创新的过程,努力寻找新课程中存在的问题、不足并积极改进,以变应变,常写常新,从而创造性地实施新课程。即便是教学设计的各种条件大致相同,教师也可以充分发挥个体的艺术性和创造性,通过求新、求异,产生不同创意的教学方案。而且,教师还可以将研究型教案的设计与研究性教学、行动研究和校本教研等结合起来,使之发挥出更大的功效。研究型教案的设计和撰写再一次指明了教师的根本价值是创造性、创新型的劳动，由此它必将成为教师体味职业幸福的源头活水和基本生存方式。

高中英语个性化的教学设计，关键在于教师的创造性思维和灵活使用教材、文本的能力。尽管设计教案是有章可循的，但是，教师在具体教学过程中的创造性实践则可能是无限的，而且这种创意性的、个性化的教学设计可以随时随地出现在教师的课堂教学之中。

（三）高中英语个性化教学实施

高中英语教学实施是教学的最关键、最核心环节，倡导个性化的教学，实际上归根结底是要体现在个性化的教学实施之中。而教学实施中的个性化，最为关键的是要创新课堂组织形式，灵活使用多种教学方法。个性化教学视域下的教学组织，要力求打破单一的课堂组织形式，取而代之的是多种教学形式，如教师尝试开放课堂、小班教学、差异教学等教学方式的实验，并能针对某一教学内容、针对自己的风格、针对整个班级群体的风格，寻找适合学生、教师的形式，其效果比单一的班级授课制要好得多，这有利于学生个性生成。在个性化的课堂教学中，组织形式是多种多样的，可以是开放课堂、差异教学、探究教学、合作教学、分层教学、个别教学等形式，也可以是几种方式的有机组合。在具体的教学实施中，教师可以从以下方面着手，开展个性化的课堂教学：

1. 科学设计任务式英语教学活动

高中英语教师在设计教学活动时，首先，要尽可能让每个学生都有参与的机会；其次，问题的难度要兼顾不同层次学生的实际水平；最后，让学生以团队为单位承担任务。例如，在一次写作课教学中，笔者就学生习作中的常见错误，设计了用分组竞赛的活动形式：首先，通过选择四种不同颜色的玫瑰将学生分为了红、黄、蓝、绿四组。其次，按错误改正题先易后难分两轮竞赛：第一轮在个体层面抢答，第二轮在小组层面必答。评价竞赛并用奖品鼓励。结果，课堂中氛围十分轻松活跃。平时沉默寡言不喜欢英语的学生竟然主动抢答，这不单是知识的习得，更是能力的突破和锻炼。以前用传统的教学方法上同样的教学内容，课堂上很少有人发言，更别提主动发言了，学生只是被动地接受，气氛也相当沉闷。

2. 运用多媒体调动学生的学习兴趣

任何有意义的言语交际活动都是在特定的语言环境中进行的，通过语境作用于人的感官，使人产生交际的动机。因此，教师要合理灵活地利用各种课程资源和信息技术，通过多种途径满足学生多样化和个性化发展的需要，让高中生在特定的英语学习环境中迸发出无比的热情。此外，在作文讲评课上运用实物投影和其他媒体也能带给学生直接的、直观的印象，所取得的效果是用口头罗列学生的错误或辛苦的板书无法相比的。英语报纸的合理使用对激发学生学习兴趣也有良好的效果。

3. 提高学生英语自主学习能力

高中英语教师把教学的重点以传授语言知识为主转移到发展学生智力、培养学生自主学习的能力上来，鼓励学生发现问题、提出问题、敢于质疑和乐于合作与交流，让学生通过体验，在观察、模仿、改进、交流等一系列活动中充分发挥学习潜能，最终形成有效的自主学习策略并提高自主学习能力。例如，在英语词汇教学中，与其教师将词的用法搭配罗列出来，不如教会学生使用工具书自主进行词汇学习的能力。因为方法的掌握比具体知识的掌握更重要。

（四）高中英语个性化教学评价

教学评价的目的是及时发现教育教学中存在的问题，检验教育教学效果，并为下一阶段的教育教学提供指引和方向。不同的学生在英语学习过程中的表现是不同的，因此，教师对于学生的评价也应该是个性化的。每个学生对英语学习的掌握程度是不能用相同的评价来确定的，对于英语成绩较高的学生，教师要采用竞争性评价，对他们高标准严要求，以获取更大的进步；对于英语成绩中下等的同学，应及时对其进行表扬肯定，激发其学习的积极性。

目前英语教师对于学生的评价主要还是只看学生期中或者期末考试的成绩，很少有教师会注意到要评价学生的学习态度和课堂活动的参与情况。评价方式的多样化和多元化有利于公平公正地对学生的学习成果进行鉴定，更利于个性化教学的开展。高中英语实施个性化的教学评价势在必行，教师可以从以下三个方面进行改进：

第一，把诊断性评价、形成性评价和总结性评价结合起来，在新学期开始时或者一个新的单元开始时对学生进行诊断性评价，对学生的课前学习准备程度做出鉴定；在日常学习过程中对学生实行形成性评价，这种评价方式能够发现教学活动中出现的问题，并且及时进行调整；在学期末时采取总结性评价，以检验学生是否达到了预定的教学目标。

第二，把学生平时作业完成情况纳入评价体系中去。作业是师生交流的一种方式，教师对于不同的学生布置不同的作业，也要对学生的作业做出个性化的评价，不能都用统一的一个"阅"字来概括。对于学生的作业要有不同的评语，例如，"今天又有所进步，继续加油""能够采用不同的做法，很好"等这些带有感情色彩的评语会极大地激励学生，激发他们的学习积极性。

第三，把学生自我评价和他人评价相结合。教师的评价只是其中的一部分，学生对于自己的学习成果也应有自己的评价，应明了自身是否掌握了本节课所学的内容，是否能做到学以致用；学生与学生之间也可以相互评价，在交流评价中互相帮助以提升英语水平。

总而言之，传统的、单一的考核方式不仅不能反映出学生各方面的水平，而且容易给学生带来挫败感，打击他们的自信心以及学习的主动性、积极性。传统教学与评价关注的是结果而不是参与的过程，不以学生潜能的发展为本，泯灭了学生的个性和创造的欲望。个性化教学的评价有利于促进学生个性的发展，以尊重学生自己的学习个性和可持续发展为出发点，对不同的学生有不同的标准。新课改要求做到评价主体互动化，评价内容多变化，评价过程动态化，要充分关注个体的需要，尊重和体现个体差异。所以，在评价过程中要把学生平时学习活动中的表现、讨论过程中解决问题的能力、对完成目标所提出的合理化建议都作为评价学生的依据，同时注意采用自评、互评的方式。教师不仅要关注学生的学习结果，还要关注学生在学习过程中表现出来的个性特色，从而有效促进学生个性的健康发展。

另外，在英语教学中，可采用过程性评估、终结性评估、真实性评估的立体评估方式。如今，网络加实践加课堂的教学模式使个性化的教学评估成为可能。网络对于学生的参与度、完成度的数据是形成性评估的评审依据；课程考试是终结性评估的评审依据；实践课程中学生各项活动的参与及合作则是真实性评估的评审依据。三者相结合，才能更科学完整地反映教学情况与面貌，方便教师及时调整教学设计和方案，并能更好地完成教学目标。同时，把口语考试纳入学期考核，增加考核的多样性。应善于发现学生所取得的进步，让不同的学生在这种考核评价中获得成功的体验，从而更加积极地对待学习。

教学是一个复杂的系统过程，要实现个性化的教学，关键在于教师具备强烈的反思与研究意识，对课堂教学的各个环节进行精心设计。追求个性化的教学，并非要刻意打造另类的课堂，而是要通过师生适宜的、个性化的教学行为实现师生更好地和谐发展。因为每一个人都是不同的，每一个教师都有不同的经历、理念和教学方式，每一个学生都有不同的基础、兴趣和成长空间。只要用心，每一堂课都可能成为个性化的课，每一次教学活动，都可能成为一次个性化的教学活动。

二、高中英语的生活化教学形式

（一）高中英语生活化教学的意义

对于高中英语教学而言，需要将学生的生活与英语的教学内容、教学形式结合起来，以起到激发学生学习兴趣，提高学生学习热情的效果。学生的生活是学生经验的唯一来源，在英语教学中必须抓住这一源泉，在其中找到与教材内容紧密结合的部分，让学生在一个相对真实的语言环境中进行英语的实际演练，提高英语运用能力。英语的生活化教学有一些积极意义，这些意义对教学十分重要。

第一，生活化教学让课堂变得更为活跃。在实际教学中笔者发现，结合学生的生活实际，在课堂中创设生活化的教学情境，让师生双方都能够进行积极有效的沟通和交流，学生的思维和情绪变得更为活跃，而教师也被学生的情绪感染。这样的教学模式让整个课堂的气氛更为融洽。

第二，生活化教学让学生拥有了自由表达、交流的环境。教师在教学中利用相关材料创设生活化的情境，让学生在情境中进行会话和交流，学生能够自主地探索和把握知识，课堂从传统的教师单方面授课变成了生生、师生间的互相沟通过程，生活化教学创设的教学情境，学生拥有了自由表达、交流的环境。

第三，生活化教学有利于激发学生的学习兴趣。在生活化英语教学中，教师会为学生创设机会自由地表达和发挥，再加上与学生生活紧密相连的内容，更加容易引起学生的情感体验和学习兴趣。

（二）高中英语生活化教学策略

1. 创建合理的英语教学情境让学生参与

在高中英语教学中，要秉承新课程改革所提出的教学理念，以学生为教学的主体，从学生的实际出发。在准备高中英语教学材料的时候，一定要结合学生的具体实际和学生的学习兴趣来设计教学内容，运用教材内容进行教学，而非生搬硬套教材内容。将学生的生活与课堂教学的内容充分结合起来，将教学过程融入学生生活之中，让学生积极主动地参与到英语课堂的教学活动中来。通过教学情境，让学生充分参与到其中，对提高学生学习兴趣，激发学生学习热情起到了一定的积极作用。在进行生活化教学的时候一定要从学生的实际出发，以学生的兴趣点结合教学的内容，促进学生更为活跃地参与到课堂教学中来。

2. 利用教材已有的生活化素材进行教学

随着新课程改革不断深入，教材内容越来越贴近学生的生活。在实际教学之中，可以就近取材，直接利用教材内容，其中所包含的网络、音乐、旅行、阅读、风俗习惯等内容都可以激发学生的学习兴趣，使学生自主参与到英语教学活动中来。因此，在进行生活化教学时，教师可以根据学生的实际，选取那些更为贴近学生生活实际的内容，让高中英语的生活化教学得以顺利进行，从而提高英语教学的质量。英语教师在教学时一定要注意结合学生的学习兴趣，在提问和情境创设的时候让教学更为有效。

3. 结合教学内容组织英语生活化教学活动

教师在进行高中英语生活化教学的时候，还可以通过组织生活化的教学活动，在联系学生实际生活的基础上，让学生积极地参与其中。教师可以创设机会让学生充分体验生活、感悟生活，例如，创设英语竞赛、演讲比赛、课堂表演等活动，为学生提供表达的机会和平台，提高学生的学习积极性，锻炼口语组织能力和表达能力。

（三）高中英语生活化教学实施

在高中英语教学中，要加强学科与生活的联系，使课堂教学和教学内容、语言、氛围、目的、活动方式及评价等贴近学生生活，从而改变学生的学习方式，真正做到使课堂教学成为学生喜爱的一种生活，激发学生的学习兴趣，提高学生的学习质量，促进学生整体素质的发展，让英语走进学生的生活世界，具体如下：

1. 开展英语生活化教学

（1）将英语用于生活。英语作为一门语言，是一种交流工具。环境对语言的获得具有非常重要的影响，语言是在个体与环境相互作用，尤其在与他人语言交流的基础上发展起来的。那么，为学生创造一个良好的听说氛围和语言环境，对于高中英语学习就至关重要了。因此，应营造出一个"开口学英语"的良好氛围。从最简单的问候语开始，让学生循序渐进地把所学英语在生活中真正运用起来，使知识、技能能真正地转化成能力，让他们获得成功的喜悦，让他们乐意"开口"学英语。

（2）把课堂搬进生活。在高中英语学习的过程中，学生必须通过积极体验、参与实践以及主动的尝试和创造，才能获得语言能力的发展，因此，应尝试和学生开展一系列活动，把课堂搬进生活，即把学生带入社会，带入大自然，从生活中选取某一典型场景，作为学生观察的客体，教师用生动准确的语言描绘场景，使其鲜明地展现在学生的面前。例如，带领学生登山，山路很滑时，提醒他们要小心，问他们英语应该怎么说，很多学生脱口而出："Take care！""Be careful！""Look out！"没有一个学生使用"Mind your steps！"这个正确的表达。"Mind your steps！"虽然这个词组中的每一个单词对学生而言都较为简单，但是"mind"在他们的心理意义中就是"介意"，他们不了解"mind"在英美人士交际中更多的是被用来表达一种关心式的提醒。类似的表达还有从轿车出来时提醒："Mind your head！"在学习 Table Manners（餐桌礼仪）时，可以带着学生走进西餐厅，学习、体会餐桌礼仪。

在品尝美味的同时学习各种食物的单词，以及如何恰当地运用英语买到自己想要的食品，并让学生了解中外饮食文化的不同，拓宽学生的文化视野。倘若教一篇描述果园的课文，就可以带学生去参观果园，既能增强学生对果园的感性认识，又能激发学生的情感，使他们在活生生的情景中学习语言。在开展这些活动前，要先发动学生做好积极的准备工作，鼓励他们利用书籍、网络等资源搜集资料，获取新知，互相交流。活动后要及时做好总结，让学生分享活动所得，交流活动感受。

（3）开设英语活动课

①开设英语活动课的目的、特点和作用

一是英语活动课的目的：英语活动课是根据我国的教育现状、教育方针和目的而开设的。克服英语课程结构的单一性；适应英语新教材；适应学生身心特点，能给学生提供一个较好的英语学习环境，教师能给主体学生创造讲英语而暂时忘却母语的空间。在形式多样的英语活动中，每一位学生都是活动的参与者。周边的气氛感染着每个学生，强烈的学习动力驱使每个学生开口讲英语。在愉快、轻松的情绪中部分学生必然由消极学习英语转变到积极学习英语。

二是英语活动课的特点：活动课是由学校有目的、有计划、有组织地进行的课程，是通过实践性、自主性、创造性、趣味性以及非学科性为主要特征的多种活动项目和活动方式，综合学习知识，提高能力的一种课程。由此看来，"动"是英语活动课的基本特点。学生要始终处于动态之中，所有学生都要动，而目的是自主地动，创造性地动，饶有兴趣地动，在动中学会做人，学会生活，学会做事，学会英语。

三是英语活动课的作用。激发学生学习英语的兴趣和积极性；培养学生用英语表达思想和交际的能力；加强学生的参与意识，启发学生的发散性思维；培养学生的竞争意识、创新精神和组织能力。

②英语活动课的教学原则与内容。根据对英语活动课本质的深刻认识，在英语活动课教学中具有比较广泛指导意义的教学原则主要有三条：学生自主性为主，教师指导性为辅的原则；规定性与灵活性、开放性相结合的原则；因材施教与因地制宜兼顾的原则。英语活动课作为活动课程的分支，其教学内容广泛，大致可分为以下方面：

一是技能竞赛活动：竞赛内容有书法、朗读、问答、唱歌、单词、查字典、听说、猜谜、游戏、戏剧、演讲、英语辩论会、故事、快速阅读、翻译、对话、英文习作等。

二是板报园地活动：由班上推出 4~6 人组成采编小组，分工负责设计版面、绘制刊头、征集稿件等，也可以在教师的指导下学生轮流定期出版。板报内容可略高于学生的知识水平，内容可包括语言基础知识、趣味问答、智力游戏、趣味阅读、疑难解答、方法指点、习题解答、作业展览等，也可以刊登英语日常用语、课堂用语等。

三是综合服务台活动：可设小卖部、图书馆、公用电话、医生诊所、车站、小岗亭等，学生轮流做服务员或相关角色，用英语进行交流。

四是英语沙龙活动：英语沙龙活动在班内或校内创设，吸引英语爱好者自愿参加。

五是社会实践活动：组织学生到外国人较多的旅游胜地旅游、参观，也可以将外国朋友请进来。

由此可见，英语活动课的教学内容丰富多彩。科学地安排这些活动课的内容应遵循三条最基本的原则：实践与交际为主，认识与认知为辅的原则；思想性、知识性与趣味性相结合的原则；多样性与针对性兼顾的原则。

③英语活动课教学的组织形式、过程和方法。英语活动课的教学组织形式多种多样、灵活多变，十分符合学生的心理特点。所谓教学组织形式，是指教学活动中师生相互作用的结构形式，或者说是师生的共同活动在人员、程序、时空关系上的组合形式。英语活动课的教学组织形式要解决的问题，就是教师以怎样的形式把学生组织起来活动，是个体活动还是群体活动，是集中活动还是分散活动，活动内容如何安排，活动时间如何规定和分配，等等。目前，英语活动课的两种基本组织形式是小组活动和班级活动。

英语活动课的教学过程是由教师的指导和学生参与组成的活动过程，是教师通过指导学生开展活动引导学生学习英语的过程。英语活动课的基本教学方法包括竞赛、表演、阅读、训练、欣赏、访问，等等。英语活动课要遵循实践性原则。英语活动课是学生的一种语言实践活动。以学生的语言实践活动为主，不再是主要通过教师讲授、教材学习、作业练习等途径获取知识，而是让学生在教师辅导下直接接触生活，通过亲身体验来获得知识，巩固所学知识，提高水平。例如，学了有关写贺卡的课文后，可组织学生在教师节前或圣诞节前给教师制作节日贺卡的活动，要求贺卡上的地址、姓名及内容全部用英语书写。英语活动课可用的几种主要的教学方法为：情境教学法、欣赏教学法、故事感染法、歌谣教学法、愉快游戏法、竞赛激励法、专题讨论法、表演教学法等。

④英语活动课的课型。英语活动课课型有：英语语音活动课、英语词汇活动课、英语语法活动课、英语专题讨论会话活动课、英语综合知识运用活动课、英语故事会活动课、英语话剧活动课、英语谜语活动课、英语书法活动课、英语唱歌活动课等。

（4）创设真实的语境。语言环境是否真实将直接影响学生能否真实地运用语言进行交际。然而有限的课堂条件不太可能允许教师去创设一个绝对真实的语言环境。教师所能提供的只可能是一个相对真实的语境，通过这一相对真实的语境以达到训练学生交际运用英语的能力。例如，在学习"自我介绍"话题时，很多教师采用的方法是让学生相互操练，或根据课文所提供的语境进行表演，但是这种训练方法有很大的"不真实性"。学生在训练中出现了一些较严重的语言错误（在真实情况下这些错误足以造成对方的不理解），学生即使不对这些错误进行调整，训练还是能够顺利地发展下去。导致这一现象的根本原因就是教师忽视了学生在使用语言时的心理活动。学生使用语言时的自我调整能力没有得到有效的培养，语言训练变成了按部就班的"台词表演"。这就是人们常说的"不真实"，这种"不真实"的语境对于训练学生的语言运用能力是低效的。

高中英语教学语境创设的手段可以是多种多样、丰富多彩的，到目前为止也没有唯一的标准。但是在创设语境，运用语境教学时唯一的目的便是让学生更好地学习语言，而不是为了语境的创设而创设。因此，如何在将来的英语课堂教学中利用各种手段更为妥当地运用语境教学，是一个值得研究并不断探索的课题。

2. 巩固英语生活化教学

（1）教学内容生活化。教学内容生活化，即把教学内容与生活实际相结合，通过生活化内容来训练学生的听、说、读、写、译技能，使语言技能训练的内容和形式尽可能贴近生活、贴近真实的语言交际，有目的地组织综合运用英语的活动，提高学生在真实语境中运用语言的能力，从而达到真正地以生活中的英语来激发学生的兴趣是促进学生主动探究知识的重要因素，是学生学习的动力，而生活中的英语能充分引起学生的好奇心，激发学生的兴趣。例如，在给学生上有关饮食的课时，教师就可拿出印有肯德基（KFC）、可口可乐（Coca-Cola）、牛奶（milk）、巧克力（chocolate）的包装给学生看，学生对其都表现出了浓厚的兴趣，因为这些都是他们平时经常接触并且喜欢的东西。然后他们试着跟读，当他们发现可口可乐和巧克力的英语发音跟中文发音相似时，都觉得非常有趣，这样就拉近了他们跟英语学科的距离。

第一，英语教材生活化。教材不仅要符合学生的知识水平、认知水平和心理发展水平，还要尽可能通过提供趣味性较强的内容和活动，激发学生的学习兴趣和学习动机。为此，教材应紧密联系学生的实际生活，提供具有时代气息的语言材料，设置尽量真实的语言运用情境，组织具有交际意义的语言实践活动。教材内容的选择和安排应充分考虑不同年龄段学生的兴趣、爱好、愿望等学习需求和心理需求。

第二，辅助材料生活化。任何一套教材都有一定的局限性：首先，它是根据教学大纲统一编写的，无法完全满足不同地区、不同学校的具体需要；其次，科技的飞速发展也给课堂带来了一系列的变化，新的教学环境和条件对教材提出了更高的要求；最后，一套教材从编写到实验再到推广至少要经过 3~5 年的时间，从某种程度来看，教材总有滞后性。

因此，为学生确定好教材，对教学内容进行合理的整合和补充，以使教材的内容更加符合学生的需要和贴近学生的实际生活，是提高教学质量的有力保证。积极开发和合理利用课程资源是英语课程实施的重要组成部分。英语课程资源包括英语教材以及有利于发展学生综合语言运用能力的其他所有学习材料和辅助设施。确立英语课程的开放性体系是英语课程标准的基本理念所体现的特点之一。课程资源的开放性是指教材资料的来源渠道广，资料的选择贴近实际、贴近生活、贴近时代。地方课程和校本课程的一个重要趋向，就是试图消除教育与生活、学校与社会、学生与家长、知识与实践之间的隔阂或对立，打通它们之间的联系，帮助学生理解知识的丰富多样性，提高实际生活的能力。就课程类型而言，这些课程主要以活动形态为主，围绕一些实际的社会和生产而展开，应在活动中学，在活动中教，在活动中体验和感悟，重建学生的精神生活。英语教学的特点之一是要使学生尽可能多地从不同渠道、以不同形式接触和学习英语，亲身感受和直接体验语言及运用语言。

因此，在高中英语教学中，除了合理有效地使用教科书以外，还应该积极利用其他课程资源，特别是广播影视节目、录音、录像资料、直观教具和实物、多媒体光盘资料、各种形式的网络资源、报纸杂志等辅助材料。拥有完善、广博的语言教学资料和文化素材对于英语教学的成功实施是至关重要的。

（2）课堂教学生活化。课堂教学生活化，即把生活中的情境搬进课堂，采取"任务型"教学。新课程标准指出，教师应尽量采用任务型的教学途径。任务型教学认为，以功能为基础的教学活动中有许多活动并不是来自真实生活，最多只能称其为"准交际"，而要培养学生在真实生活中运用语言的能力，就应该让学生在教学活动中参与和完成真实的生活任务。真实生活任务型教学强调直接通过课堂教学让学生用英语完成各种真实的生活、学习、工作等任务，从而培养学生运用英语的能力。所以，在教学中应增加开放性的任务型活动和探究性的学习内容，使学生有机会表达自己的看法与观点。教师要鼓励学生学会合作，发展与人沟通的能力。教师在设计教学任务时，可以根据不同学生的情况设计不同的任务，从而使所有的学生都能进步。

高中英语教学的任务要有利于学生用英语交流的各种语言实践活动。任务的设计一般应遵循六点原则：①任务应有明确的目的；②任务应具有真实意义，即接近现实生活中的各种活动；③任务应涉及信息的接收、处理和传递等过程；④学生应在完成任务的过程中使用英语；⑤学生通过做事情完成任务；⑥完成任务后一般应有一个具体的成果。在设计任务时，教师应以学生的生活经验和兴趣为出发点，要有助于英语知识的学习、语言技能的发展和语言实际运用能力的提高，要积极促进英语学科与其他学科间的相互渗透和联系，使学生的思维能力、想象力、审美情趣、艺术感受、协作和创新精神等综合素质得到发展。

（3）教学语言生活化。教学语言生活化，即用学生喜闻乐见的通俗易懂且富有哲理的生活化言语和例子进行教学，化解难点。语言教学的独特之处在于，语言既是教学手段，又是教学内容。教学语言贴近学生，贴近生活，易于理解、吸收。语言作为情感表达的手段，主要功能是展示人对于世界的认识和思考，如果脱离生活实际、脱离环境，它就不会有生命力。语言课堂教学的价值远远超越于语言之上，它是语言感受、文化感受、生活体验和情感体验的过程。在课堂里，英语只是一种媒介，只是思维外显的一种方式。

总而言之，在高中英语教学中，充分利用学生已有的知识经验，从学生生活实际出发，使自己的教学语言与学生的生活实际紧密结合，让学生学会生活中的英语；在教学中要创造性使用教材，即"用教材教，而非教教材"。的确，只有教师敢于超越教材，才会有鲜活的教学语言，学生才能爱学、乐学，英语才能以她特有的魅力将学生紧紧地吸引，才能培养学生用自己的语言来表达生活中发生在身边的一切事情。

3. 提高英语生活化教学

（1）教学过程生活化。教学过程生活化，即把教学过程看作师生运用课程资源共同建构知识和人生的过程。教学即生活，生活即教学；学习的过程，即是生活的过程。课堂教学活动，就是师生共同享受生活的活动。

（2）考试内容生活化。考试内容生活化，即加强考试内容与社会实际和学生生活经验的联系，重视考查学生独立思考和解决问题的能力及实践操作的能力。部分学生常因缺乏生活经验，导致理解偏差，错选答案。近些年高考英语命题基本上保持了稳定的命题思路和风格，内容丰富多彩，更贴近生活、贴近时代，知识覆盖面更广，更加注重对考生实际运用能力的考查。从听力、语法、词汇、完形填空、阅读理解、短文填词，到书面表达，无论哪一部分的试题内容都与学生的日常生活息息相关，有很强的时代感。

（3）教学活动生活化。教学活动生活化，即基于学生已有知识和经验的教学（教学即经验的组织和重新组织）。任何有效的教学都始于对学生已有经验的充分挖掘和利用。学生的经验包括认知经验和生活经验。学习的过程是学生在原有知识和经验的基础上自我建构、自我生成的过程，这是建构主义的精髓。

三、高中英语的游戏化教学形式

（一）高中英语游戏化教学意义

在高中英语教学中采用游戏化的教学方式，能让学生保持愉悦的心情自觉参与课堂，更有效地获取知识，具体如下：

第一，提升学习趣味性。互联网环境下，老师还可以利用多媒体技术播放音频、视频等网络资源，科学设计或选择恰当的游戏，实施高中英语课堂游戏化教学，让各式各样切合学生实际情况的游戏活动与教师的教学完美结合，让英语课堂摆脱传统的单向说教模式，增加师生、生生互动的环节，让学生学得轻松、学得愉快、学得有效。

第二，提升课堂实效性。游戏化教学作为高效的教学模式和手段，从课内外游戏活动中提高学生的学习兴趣。特别是网络互动平台的应用，完全不受时间、空间的限制，学生参与度高，极大地增强了师生、生生的交流学习，提升了课堂效率。

（二）高中英语游戏化教学实施

在"互联网+"背景下，我们要最大化地利用网络资源和教育信息技术实施英语游戏化教学，提高课堂趣味性，提高课堂实效性。教学活动游戏化有两种设计策略：一种是不同的游戏活动构成一堂课的不同教学环节，另一种是只在某个教学环节使用游戏化教学。高中英语游戏化教学实施可以从以下方面着手：

1. 开发微课资源，构建英语游戏平台

互联网背景下，微课作为英语教学重要的辅助工具，已走进了我校的高中英语课堂。它不仅能为游戏化教学提供多元、生动的教学素材，教师还可以借助微课播放本节课游戏活动的规则，特别是竞赛类游戏，如 Word competition 或各种小组竞赛。在高中英语教学中，特别是阅读课，教师还可以借助微课在 Warming Up 环节进行 Guessing Game 的游戏，激发学生的学习兴趣。借助微课播放的形式，容易吸引学生眼球，学生更容易理解游戏规则，节约课堂教学时间。同时，老师可在网络平台课前发布微课、微视频等游戏化教学资源或微作业。很多老师会用 RolePlay 的游戏表演使学生记住本课的主要内容。

2. 运用电子白板，创建英语游戏活动

教室中配备的希沃白板或鸿合白板等交互式设备，已经成为我校英语教学的重要工具。通过互联网，它不仅为学生提供十分丰富的学习资源，还为教师开展游戏化教学提供多元的教学资源和便利的游戏工具。特别是针对我校学生英语学习的最大困难：学得快，忘得也快，我们充分借助交互式电子白板中的"放大镜""聚光灯""隐藏"等功能，创建各种适合我校学生学情的游戏活动，来解决这个教学难题。

对于高中英语的学习，学生最大的难题就是单词的背诵和记忆。有了交互式电子白板，首先，教师在课前可以先将本单元的生词通过网络上传到资源库中，方便老师进行词汇教学，学生进行词汇游戏；其次，教师可以运用电子白板的"聚光灯"功能，即通过放大单词或图片的局部来设计动画的词汇游戏。语言学习更多的是要靠学生不断的体验和练习，而电子白板为学生创建了一个课前、课中、课后都可以复习课文知识、单词语法的游戏平台，为学生英语学习提供了便利。

电子白板中的"课堂活动"，还可以有效地帮助教师设计词汇、语法、课文内容的"知识配对"和"趣味分类"等游戏活动。定语从句是高一上学期教学的重点，教师在教授完定语从句的知识后，利用快下课前几分钟时间，可以开展诸如"关系代词趣味分类"游戏活动或"关系代词知识配对"等游戏活动，一堂课下来，尤其是快下课的时候，学生注意力就开始分散，如果老师这时候开展游戏活动，是非常有效的一种巩固课堂知识的教学方式。老师可以通过"希沃授课助手"将相关的练习实时传送到电子白板上，请学生到白板上操作，实现了师生之间的高效互动。这些操作都具有游戏的性质，学生参与度高，而且通过亲身操作，学生加强了对知识的记忆，提高了学习效率。

四、高中英语小组合作教学形式

普通高中英语新课程的目标之一是创设有利于建立新型学习方式的课程实施环境，提高学生自主学习、合作交流、批判性思考以及分析和解决问题的能力。因此，"传统教学方式已远远不能适应新的教学要求，而小组活动教学法给英语学习注入了新的血液，使得英语教学充满活力。"[①]

（一）高中英语小组合作教学优势

第一，小组合作教学能活跃课堂气氛。在小组活动中，往往会设计一些带有竞争性质的活动，如编对话、做调查、猜谜语、记者采访等，让学生动起来，通过学生动脑、动口、动手，使课堂气氛充满激情和自由，充分体现学生的主体地位。

第二，增强学生学习的自信心。每次小组活动，都是任务型活动，在小组长的带领

---

① 陈云霞. 浅谈高中英语教学中的小组合作教学 [J]. 中学生英语（初中版），2013（8）：34.

下，每个同学都可以参与其中，充分发挥作用，成为活动的主人翁。因此，学生在参与小组活动的同时，可以感受到合作成功的快乐，体验到实现自我价值的自信，唤醒并树立学生的主体意识。

第三，锻炼学生的竞争与合作能力。小组中以合作为主，组间以竞争为主，竞争与合作相辅相成，使课堂气氛既紧张，又愉快。为小组而奋斗，充分激发了学生的好奇心和集体荣誉感。

（二）高中英语小组合作教学活动方式

高中英语小组合作活动学习的方法是多种多样的，教师可以根据不同的教学内容采用不同的活动形式，主要有以下活动方式：

第一，两人一组型：此种方法适用于学习简单的对话。在人教版新课标英语教材（1-8）中，每个单元都有 speaking 这一部分，在这个环节中，可以充分发挥两人小组的作用。

第二，三人或四人一组型：此种方法适用于讲解时态等带有语法性的知识。

第三，六人或八人一组型：此种方法适用于学习课文。学生六至八人一组，此类型可以一段文章展开讨论，可以是教师提出问题，学生讨论答案，也可以让学生自问自答。也可以在做练习题小组合作核对答案，在小组内部解决学生可以自己解决的问题。

（三）高中英语小组合作教学注意事项

在高中英语小组合作教学中，要使活动达到较好的效果，使每个学生在活动中都得到充分发展，我们也应注意以下几点：

第一，活动的控制。学生爱表现，喜参与，要使活动收到良好的效果，我们教师应进行有效的控制：纪律控制、时间控制、参与人员的控制、活动气氛的控制等。

第二，培训小组长。一个优秀的小组长就是一个优秀的学习小组，他/她能在小组内形成一种共同的价值认同，打造积极、向上的小组文化，使整个小组团结、有序、共同发展，因此，培训小组长是保持小组凝聚力和生命力的动力车，在小组活动前，培训小组长至关重要。

第三，动员学生积极参与小组合作教学活动。一是动员优等生。有部分成绩较好的学生，不愿跟别人解释问题，还有部分学生认为把别人教会，竞争对手就会变多。因此，针对这两个问题，教师要讲清楚，首先，当小老师可以锻炼自己的管理、承担责任和任务的能力；其次，当小老师有利于知识的巩固和自身素质的提高。自己会做的题目，对着来请教的同学解释几遍后，会更加熟练，比自己复习的效果更好，而且来请教的同学会问一些自己想不到的问题，这就迫使自己去思考、去解决，这本身就是一个促进和提高的过程。二是向后进生动员。成绩较弱的学生往往会有自卑心理，自尊心又特别强。在做这一部分人的思想工作时需要特别细心，要让他们知道：这个计划是为了帮助他们，虽然他们的成绩欠佳，但老师从未放弃他们，而是想方设法去帮助他们，为他们提供最好的学习条件，希望他们能把握机会。

第四节　新课标下高中英语课堂的管理框架构建

在新课标下，高中英语教师要加强对课堂的管理，结合高中学生的学习状态以及心理特征等，为学生设置出丰富的课堂管理模式，让学生能够快速参与到课堂学习中，进而活跃课堂氛围，强化英语教学的效率。教师应该做好充足的课前准备，收集相关的教学资料，并使用多媒体等设置营造轻松的学习氛围，同时教师还要积极与学生进行交流，使用合理的方式纠正学生的错误并系统化地评价学生，让学生能够感知英语学习的乐趣。新课标下高中英语课堂的管理可以从以下方面着手：

一、人本视野下高中英语课堂的管理

（一）以需求与应用为导向的课堂管理目标

1. 端正英语学习动机

动机和态度是影响个人对特定对象做出行为选择性的、有组织的内部准备状态或反应倾向。当学习者全身心地参与学习过程时，就能在最大限度上从事有意义的学习，这种积极的学习要比被动消极的学习有效得多。端正的学习动机和积极的学习态度是自主学习的催化剂，是引导学生走向成功的奠基石。在高中英语课堂的管理中，为了帮助学生端正英语学习动机，一方面，要突出社会进步对英语应用的现实需求，将学生的人生目标与未来工作中可能会用到的英语书面知识和口头交际能力相结合，使学生越来越明确认识到学会"活用"英语的重要性，从而重塑学生的学习动机、提高学生的学习积极性；另一方面，要善于将长期目标细化为若干短期目标，使学生能够通过努力相对容易地实现，培养成就感，伴随成绩的逐步提高，学生的兴趣会随之而增强，其学习的"内在动力"也会随之增强。

2. 明确人本教学目标

课堂教学行为总是围绕一定的教学目标有序实施的，它是教学目标的具体体现，有怎样的教学目标就会衍生怎样的教学行为，不同的教学行为实际反映了不同的教学目标和出发点。因此，要想在高中英语课堂管理中落实"以人为本"思想，就应该让"以人为本"的管理理念在广大英语教师的脑子中生根。教师要从满足学生英语应用和交流的基本需要出发，充分尊重学生在学习活动中的主体地位，积极倡导学生在学习活动中的主观能动性和创造精神，自觉调整教学目标和教学方式，培育学生终身学习、自我完善的主体意识、能力和人格，最终促进学生的全面发展，从而使之与学校的教学管理目标相协调。

（二）丰富英语课堂管理中的组织形式

1. 实施主体参与式课堂教学

提升学生在英语课堂管理中的主体地位和参与程度，利于调动学生的学习热情，主动思考，主动研究，从而深化学习成果。作为教师，首先，要尊重学生的主体地位，培育学生的主体意识；其次，要培养学生的创新意识和创新能力，尊重、鼓励学生的各种自由、自觉的创新活动，使学生在创新中实现对知识的融会贯通；再次，要重视学生非智力因素的开发，努力培养学生的健全人格，重视对学生的情感、意志、兴趣等非智力因素的培养，激发学生强烈的求知欲和学习兴趣，帮助他们树立正确的世界观、人生观和价值观。

2. 丰富并完善英语课程体系

课程是影响学校教育教学管理工作的重要因素，关乎师生主体性的发展和主体性的形成。要实现人本视野下高中英语课堂管理，必须丰富并完善英语课程体系。

（1）以尊重学生的认知过程为中心科学设计课程，尤其要加入对学生的发展及主体形成有重要影响的教学因素，诸如增加英语课时量，增加听说比重。

（2）做好多学科融合，充分挖掘学生的认知潜能，诸如加强英语学科同语文、历史等学科的交叉融合，注重主课与副课的融合，课堂教学与实践教学的结合，积极发挥教师的积极性和专业特长，满足学生多方位综合发展的需要，实现学生对知识的融会贯通。

（3）科学调配课程结构，根据学生的心智发育进程科学施教，诸如在各年级合理分配课时，科学规划教学内容，张弛有度，宽严相济，力争在最佳的学习时段提供最佳的知识供给。

3. 创新英语教育人本模式体系

为了进一步深化教育成果，应当在既有教育模式下，积极组织创新，建立新老结合、系统完备的英语教育模式体系。

（1）开展研究性教学，突出教学的预期性和参与性，引导学生开展面对未来、有目的的选择性学习，使师生双方都能积极地参与到教育教学过程当中，强调教师与学生的共同研究、共同参与、共同发展。在共同探究过程中求知、创造、成长，发挥学生的个性和主体性，同时打破教师单纯传授知识给学生，学生仅仅是知识被动接受者的现状，创立师生之间共同探讨关于世界、关于未来以及关于人生的对话教学模式。

（2）开展主题式教育活动，保证师生互动的教育模式能够系统化、系列化、常态化开展。主题式教育活动应当灵活把握教与学的结合点，以主题活动的方式灵活整合教材、教法和学法等资源，以丰富的、生机盎然的活动为有效载体，开展体验式教学，使相关教材的内容和方法在主题性的生活场景是综合呈现出来。通过主题活动的方式把发展学习、探究学习和解决问题模式引入课堂，可以将相对沉闷的教学过程激活，使教学过程从单一的逻辑思维向全面的人格构建转变，使单一的分数评价向多维立体评价转变，进一步拓展课堂教学空间。

（3）探索多样化教学手段，进一步打破传统黑板、粉笔加录音机的英语教学手段，进一步突出教育的"开放性"特征，主动创设条件和环境，并充分利用幻灯片和音像等视觉和听觉手段，不断丰富课堂教学的内容和形式，创造积极活跃的课堂学习气氛，提高课堂学习效果。此外，教师还可以互联网为基础和媒介，开展对学生的在线学习任务布置、专门问题讨论，以及针对有关问题引导学生查找网络资源寻求答案。在为学生创造自主学习的环境和条件的同时，促进学生的个性化、主动式学习自觉性的形成。

（三）帮助学生成为自我管理的主体

现代管理理论认为，只有实行全员管理，集体的力量才能得到发挥，个性和积极性才能得到全面提升。因此，全员参与的自我管理机制在学校班级管理中被广泛应用，由此可见，这一管理模式也同样适用于英语课堂管理。

1. 优化学生自我管理的组织架构

同伴教学是一种促进学习的有效实施方式，通过交朋友组成小组有利于形成良好的学习气氛，使每个参与者都能置身于一种与人坦诚交流的情境，从而有助于解除各种戒备心理，实现人与人之间的自由、直接和自发沟通。因此，在"开放式"和"探究式"英语教学模式下，为了让学生自我完成一些"探究式"学习任务，有必要积极创设伙伴式小组交流环境，让学生各抒己见，共同提高。与此同时，英语课代表扮演的角色也不再是简单地收发作业，或者组织预习、复习，而是在更高层面发挥老师布置的探究式学习任务的统筹协调工作，督促各小组完成相关学习任务，协调小组间共享学习成果。同时，积极营造良好的英语学习氛围，不局限于课堂上，也要延伸到课堂下，推动由碎片式英语学习向全程完整式学习的转变。

2. 构建形式多样的学生英语社团

学生社团是学生基于共同兴趣和爱好，自愿结成的具有相对固定成员和特定活动内容的群众组织，在丰富校园文化、发挥学生的兴趣和特长、促进学生素质拓展等方面具有积极意义。作为英语课堂教学的有益补充和延伸，有必要建立基于西方历史、政治、文化、音乐、体育等为主题的形式多样的学生英语学习社团。一方面，可以发挥社团的普遍教育性，吸引众多的兴趣爱好、志向相同的同学到一面旗帜之下，通过共同的爱好、共同的追求和共同的奋斗产生内在凝聚力，在轻松的氛围中提高对英语知识的掌握、巩固英语学习的成果；另一方面，利用课堂、主体活动等平台展示众多社团的活动方式和内容，发挥对周边学生的示范效应，引起更大范围的仿效，重塑学生的学习和行为观念，促进形成全新的英语学习理念。

二、基于核心素养的高中英语课堂管理

（一）基于核心素养的高中英语课堂管理思维

1. 英语课堂管理的逻辑性思维

思维是人脑对客观事物的本质属性和事物之间内在联系的规律性所做出的概括与间接的反映。从不同维度出发，可对思维进行不同划分，根据思维的指向性可将思维划分为聚合思维和发散思维；根据思维的内容可将思维划分为直观动作思维、具体形象思维、抽象逻辑思维等。逻辑思维，也称抽象思维，它是人的理性认识阶段，人运用概念进行判断、推理等思维类型反映事物本质与规律的认识过程。逻辑是理性思维的规律和规则，是人们思考时间过程中不可或缺的思维能力，是思维的工具和方法之一，反映了思维的规律和规则。逻辑思维又分形式逻辑思维和辩证逻辑思维两种，形式逻辑思维具有确定性并反对思维过程本身自相矛盾；辩证逻辑思维则具有灵活性并强调反映事物的内在矛盾。辩证逻辑思维是在形式逻辑思维基础上逐渐发展起来的，它属于逻辑思维的高级阶段，两者相辅相成。

思维与语言密不可分，相互依存，语言既是个人思维活动的工具，也是标记思维成果的工具。语言是思维的载体，思维借助语言实现。不同语言代表了不同的思维方式，不同

语言的语言特点都有相对应的思维模式。每一种语言都有属于自己的完整系统和诞生文化背景，就中文和英语而言，英语属表音文字，源于印欧语系，是典型的曲折性语言，语法严谨，重逻辑，它的词汇有丰富的人称、时态和格的变化；而中文属表意文字，源于汉藏语系，语法相对松散，词汇没有人称、时态和格的变化。中文与英语在表达方式、语言习惯和语法规则等方面存在的巨大差异，追根溯源，就是思维方式的差异。由于逻辑思维差异和中文的负迁移影响，二语学习者普遍存在"逻辑能力偏低"的问题，这个问题正反映了英语教学重视词汇、机械语法教学，忽视逻辑思维培养，重视输入、忽视输出的现象。英语篇章就好像根据一定的编码程序——特定的思维模式——组合而成，具有传输意义、表达思维的功效。因此，二语学习者想在英文使用水平上尽量地贴近母语使用者，理解内化英文的逻辑思维至关重要。因此，在高中英语课堂管理中，要重视逻辑性思维。

2. 英语课堂管理的创新性思维

（1）转变教学观念。在高中英语课堂中培养创新性思维，关键在于要转变教学观念，只有在观念的层面进行有效转变，才能在实践中更好地落实教学的新思路。转变教学观念主要体现在两个层面：第一，要认识到传统教育理念下教学思路以及教学模式的局限性，与其让学生在教师的带领下改变学习模式，不如使教师与学生双方一起，用新式的思维与方式共同向着学习目标前进；第二，转变教学观念还有一个重要的层面体现，就是要使得教师、学生以及家长认识到学生学习的不足之处，在教学中积极地进行改革，创新思维的重要性。只有认识到创新思维方式的意义与价值，才能对教学产生实际的促进作用，利用教学思维的改变带动整个学习氛围与模式的转变。

（2）拓宽学生知识面。任何一个语言的学习都离不开其背景知识的支撑，英语同样适用于这一规律。高中英语课堂包含了众多的英语知识，并且所涉及的内容十分丰富，对于学生知识面的拓展也是较为有效。基于核心素养下的英语课堂教学中，拓宽学生的知识面主要有以下思路：第一，在教学过程中，教师可以有针对性地对课文中所涉及的内容进行深化与拓展。由于文化层面的差异，英语和汉语在用语习惯以及用语风格上存在许多不同，以汉语的思维去学习英语是不可行的，只有有针对性地对各种英语阅读材料进行分析，不断积累，才能在拓宽知识面的基础上提升学生的英语能力。第二，广泛的学习，广泛的讨论，在扩充知识面的同时，提高自己的自学能力，学生自主学习能力的培养，是一个漫长的过程，教师应遵循循序渐进的教学原则。

（二）基于核心素养的高中英语课堂优化管理

核心素养是学生应具备的能够适应社会发展和终身发展的必备品格与关键能力。在核心素养的背景之下，分析高中英语课堂教学管理的现状，很显然应当掌握两个标准：一是必备品格；二是关键能力。当下的高中英语教学来到了核心素养的背景之下，相应的高中英语教学目标应从综合运用语言能力向学科核心素养转变，教学内容应从碎片化的听说读写训练，向主题引领的深度整合转变，教学方法应从传统的知识传授与训练向组织多样性的学科活动转变。课堂教学管理的分析角度也应当由此切入。

在核心素养的背景下，要优化高中英语课堂管理，必须认识到两点：第一，核心素养以及高中英语学科核心素养，既是对英语学习目标的概述，同时也对日常的课堂教学给出了有益的启示。在思考课堂教学管理策略的时候，不妨结合英语学科核心素养的培育来进行。第二，真正有效的课堂教学管理一定与学科学习紧密联系在一起，教师要想方设法用英语学习内容去保证学生的学习处于有效的状态，从而让课堂教学管理真正服务于学生的学习。如此总结出来的教学管理优化策略就应当是：研究高中生的英语学习特点以及教学内容与学生认知的匹配度，然后设计出符合学生认知特点的学习过程，从而实现立足于学生有效学习的课堂教学管理初衷。

另外，坚持核心素养培育，实际上就是要将"以人为本"的教学理念应用到高中英语课堂管理中，"以人为本"的教学理念可以充分体现出学生在高中英语课堂中的主体地位，从而培养学生的自主学习能力，提高英语课堂教学质量。

三、高中英语课堂的教学管理及其策略

（一）高中英语课堂教学的分层管理

高中英语教师在组织和开展课堂教学的时候，应遵循"以人文本"的理念，要求教师面向全体学生，关注和尊重学生的个体差异，借助分层教学模式，进行针对性教学，促使每一个层次的学生均可得到发展。高中英语教师在组织和课堂教学的时候，应以"分层"为指导思想，构建分层教学模式，全面提升高中英语课堂教学质量。高中英语课堂教学的分层管理，可以从以下方面着手：

1. 根据教学对象进行科学分层

新课程标准下，学生真正成为课堂的主体，教师在开展高中英语分层教学的时候，应立足于教学对象，对其进行科学合理分层，这就要求教师在开展分层教学之前，应对学生的英语成绩进行全面的了解，知晓学生的英语学习能力、兴趣、爱好等，将其划分为三个层次：A层、B层、C层。其中，A层学生在班级中人数相对比较少，主要为英语学习成绩好、英语学习能力较高的学生，这一部分学生的英语基础知识比较扎实，并且具备良好

的英语学习习惯；B层的学生在班级中占据的人数非常多，约为一半，这一层次学生英语成绩处于中等水平，英语基础知识和学习能力等均处于一般的水平；C层学生主要是指英语水平比较低的学生，英语基础知识薄弱，并且在具体的学习中存在较大的难度，教师在具体的教学中必须花费大量的时间进行针对性教学，不断提升其英语成绩。

在具体的分层教学模式下，教师只有对教学对象进行科学、合理分层，才能在教学中实施有针对性的教学，进而满足每一个层次学生的学习需求，使每一个层次的学生均可获得最大的进步。最后，"在分层教学模式下，教师在对教学对象进行分层之后，并不意味着一成不变，还要结合具体学习中学生的改变，不断调整学生分层，使教学更加具有针对性"①。

2. 根据教学目标进行分层

在高中英语分层教学模式下，教师应按照不同层次学生的实际情况，按照高中英语新课程标准下的"三维目标"，对教学目标进行科学划分，更加满足学生的学习需求。具体而言，教师在开展高中英语课堂教学的时候，设置出三个不同层次的教学目标，针对C层学生而言，应引导其完成最简单的目标；针对B层学生而言，应在C层的基础上，适当增加教学目标；针对A层的学生而言，可指导学生全部完成教学目标。

3. 根据课堂教学进行分层

在具体的高中英语分层教学模式下，学生受到智力思维的制约，在理解、接受能力上存在较大的差异性。针对这一点，教师在开展教学的时候，应对不同层次的学生实施有针对性的教学模式，真正实现因材施教。以课堂提问教学为例，教师应结合教学需求，科学设计不同层次的问题，针对C层学生而言，应结合课本上的细节问题、基本内容等，降低问题的难度，不断提升问题的有效性；针对B层的学生而言，在进行提问的时候，可设计一些需要经过思考才能找到答案的问题；针对A层的学生而言，则要在B层的基础上，进一步提升问题的难度，以适应学生的发展需求。

（二）高中英语课堂教学的管理策略

英语课堂作为高中英语教学的主阵地，课堂教学管理直接影响到整个英语教学水平的高低。在新课程改革中，教师应当加强课堂教学管理实践，立足于学生的年龄特点，建立适应学生发展要求的课堂教学管理模式。通过营造良好的课堂纪律、制定明确的教学目标、构建新颖的英语广角等手段，营造一个高效的课堂学习环境，进而提高高中英语教学

---

① 彭雯雯. 高中英语分层教学策略研究 [J]. 中学生英语，2020 (38): 38.

质量。高中英语课堂教学的管理策略主要包括以下方面：

1. 制定明确的课堂教学目标

制定科学合理的课堂教学目标是课堂教学的关键。教师只有制定明确的教学目标、突出教学重难点、合理安排教学时间和活动时间，才能让学生集中精力，促进学生在最短的时间内掌握所学知识。教师在英语教学过程中，要从"知识与能力""过程与方法""情感态度与价值观"三个维度开展教学活动，认定方向，提高课堂教学效率。

2. 营造良好的英语课堂纪律

良好的课堂纪律是教学活动得以顺利进行、教学目标快速完成的基础。高中生同小学生、初中生相比，心智相对成熟，大部分学生在课上都能做到专心听讲。但对基础知识薄弱的学生而言，有时因为跟不上教师的讲课节奏，注意力很难集中，导致打瞌睡、偷看课外书、说闲话等情况发生，教师若不及时制止会影响上课秩序，甚至打乱整个课堂节奏。鉴于这些情况，"教师要熟知高中生的身心发展规律，不断提高课堂管理技能，通过采取有效的课堂纪律管理手段，为学生营造一个良好的学习环境"[①]。

例如，在课堂上，会有学生因为讨论问题而出现争端，影响了正常授课。我针对这种情况，让学生各自发表观点，并让其他学生进行针对性评价。通过采取这种方式，极大地维护了学生的自尊心，并起到了活跃课堂氛围的作用。此外，还有学生由于跟不上课堂节奏，在课上打瞌睡，我为了让其集中注意力会采取提高音调的方式，如对方并未感觉到我的提醒，我会"不经意间"走到他的身边，利用轻抚其后背的方式让其清醒。这样，通过采取有效的课堂管理，既满足了学生的心理需要，也稳定了课堂秩序，使得教学得以正常进行。

综上所述，英语教师的工作不仅是知识的传授，更要注重对教学环境的创设。班级管理对学生学习效率的影响很大，在高中英语教学中，教师要不断总结教学经验，通过做好班级管理工作，为学生营造一个良好的学习氛围，从而提高英语教学效率。

四、网络环境下高中英语课堂教学管理

互联网信息技术发展，促进了教育领域变革，网络环境下的高中英语课堂教学主要呈现出以下特点：第一，教育资源共享。教育信息化最大的优势就是促进教育资源共享，现阶段教育资源共享主要表现为构建多媒体教室、语音室、校园网，并从网上获取课件、素材等。实际上教育资源共享还能通过教学软件、教学平台等促进教学成果共享，为学生提

———————————

① 　李超. 高中英语课堂教学管理策略研究 [J]. 课程教育研究，2018（36）：120.

供多样化的自主学习资源等。第二，教学模式丰富。互联网促进了英语教学模式创新，目前有三种常见模式：利用多媒体课件进行课堂教学、学生利用英语学习软件自主学习研究、基于互联网平台的探讨学习模式。第三，教学过程个性化，促进学生自主学习。网络环境下发展起来的在线英语教学平台，提供了不同层次的学习资源，学生可以自主选择满足自身发展需求的课程内容，还能与教师、同学进行交流研讨，逐步提高自主学习能力，提升英语水平。

（一）网络环境下高中英语课堂管理策略

第一，转变教学理念。网络背景下，只有树立"以学生为主体"的教育理念，才能更加科学地谋划高中英语课堂教学，培养学生的英语应用能力。网络环境下的英语教学教师应该充分发挥主导作用，监督管理学生在线学习的时间安排、学习进度、学习效果反馈；为学生制定在线学习目标，安排学习任务，指导学生的自主学习方法；利用在线交流平台，为学生答疑解惑，逐步提高学生的自我学习能力，发展英语综合应用能力。

第二，创新网络教学模式。英语课堂教学模式改革的初衷是优化学生的英语学习环境，提升学生英语学习的自主性、个性化和实用性，并非完全否定传统教学模式，而是以现代信息技术手段辅助传统教学，提升教学质量，发展学生的英语综合应用能力。以建构主义为理论基础创新网络环境下的英语教学模式，能够充分体现学生的主体性，适应不同专业、不同层次学生的英语发展需求。

第三，建构网络自主学习的多元监控模式。建构包含教务部门、教师、学生、网络学习管理员在内的网络学习管理体系，既能保障学生自主学习，又能充分发挥外部监督和内部控制的作用。一方面，教师应该实时监督学生的网络学习状况，如了解学生的学习进度，解答学生的学习问题，根据学生特点进行学习效果反馈。教师还应该积极指导学习效果差的学生学会自我监管，逐步改善学习方法，提高自主学习效率。此外，教师应该加强教学研究，开发网络教学资源，不断改善网络环境下的教学模式。另一方面，学生应该根据学习目标和学习任务，制订适合自己的学习计划，并根据学习的实际状况，不断调整更新。其次，应该加强同学之间的相互监督，通过共享学习资料，分享学习心得、参与英语学习活动，共同进步。

第四，完善教学评估体系。教学评估是教师改进教学计划，优化课堂教学，提升教学质量的重要依据，也是学生获取学习反馈，增强学习效果的重要手段，因此，必须加强英语教学评估体系建设。

综上所述，推动网络背景下的高中英语课堂教学改革，要改革传统的教学模式和教学管理策略，充分利用现代信息技术辅助教学，激发学生的学习积极性，培养学生的自主学习能力。只有这样，才能为我国的全球化发展输送具有英语交际应用能力的高素质人才。

（二）高中英语教学中网络资源管理特点

第一，共享性特点。对于普通高中学校而言，英语教师与学生人数比例严重失衡。"师资队伍十分紧缺，教师平时都忙于备课、上课、批阅学生作业、记录学生档案袋等"①。而网络环境可共享传递多媒体信息，如图像、声音、动画和视频等，这些资源能丰富英语课程教学资源，能让教师从大量重复的工作中解脱出来，把精力用于有效的教学工作中，如辅导差生，培养优等生，培养学生的学习方法，提高自己业务水平能力，优化网络课堂教学设计，等等。

第二，同步性特点。网络课程资源非常丰富，课程信息资源紧扣课程的发展，有很多资源是借鉴和利用国内外英语教学的最新成果。并且网络上的英语文化与实际社会发展同步，高中学生学习英语是为了学习语言文化知识，理解并能在社会生活中得到应用，而网络教学就能完美地解决高中学生的英语学习目标问题。

第三，系统性特点。网络课程资源能针对不同层次学生，真正实行因材施教，能满足学生个性化学习的需求。教师对听、说、读、写、译等资源都能进行具体化的、有针对性的选取，便于根据教学实际情况因材施教，有针对性地进行测验；也便于教师在教学中有机融合教学内容、教学目标、知识点、小结、测验等。

第四，交互性特点。教师可以针对学生在网络上的反馈情况及时调整课堂教学，因为反馈信息也是很好的网络资源，可以对这种网络资源进行分析小结，给学生提供适当的指导。网络上的这种交互形式克服了传统教学在时空上的限制，每个学生在网络上都有自己信息交流的空间。

第五，灵活性特点。传统的教学模式将学生置于相同的教学环境中，学生学习相同的教材，听一样的课，都是在被动地学习，是"灌输式"教学模式。而网络教学不受环境和设施的影响，教师可以根据教学实际和学生学习情况，随时调整教学进度，学生也可以随时随地利用网络进行学习、参加讨论，甚至获得在线帮助。因此，网络教学具有很强的灵活性，能满足英语教学的基本需求。

（三）高中英语教学中网络资源管理实践

网络教学与传统的英语教学相比，在听、说、读、写等方面的教学都有很强的优势，

---

① 孙国芳. 高中英语教学中网络资源的有效利用 [J]. 中国教育技术装备，2013（10）：13.

这对高中英语课堂的有效教学有很大的促进作用。

第一，利用网络中的听力资源，能够有效训练学生的听力水平。在传统的英语教学中，由于受教学设施等客观条件的限制，听力课基本上都是采用教师播放听力磁带、学生在下面听的方式。由于学生之间的差异，学生的听力水平也参差不齐，再加上听力材料内容的单一陈旧，导致听力水平较高的学生学习兴趣不足，听力基础差的学生不能得到很好的训练。网络环境中有很多网站提供了在线收听服务，教师可根据学生的实际水平设置教学活动任务并主导课堂，学生可以循序渐进地进行听力训练。教师还可以根据学生线上训练情况及时调整训练内容。

第二，利用网络资源中的即时通信功能，训练学生的口语。口语学习往往是高中学生学习英语最弱的一个方面。因为高中英语课程中没有专门设置口语训练，学生在课堂上很少有训练口语的机会。但是网络给高中学生提供了很多口语交际的机会，教师可以事先将一些英语交际的网站提供给学生，指导学生先用录入的方法与教师或网友交流，一段时间后就可以在网络上尝试用语音方式进行交流对话，这种张口的交际聊天方式，既能消除学生在课堂上说英语的畏惧、害羞和担心犯错的心理，还可以让学生通过这种交际对话了解许多以英语为母语的国家的文化背景，学到很多潜在的英语文化。

第三，利用网络信息资源，提高学生的阅读水平。在日常的教学中，学生对于阅读的技巧没有十分清晰的认识，教师也习惯于将书本中的课文阅读材料看作是对所教授单词和短语的复习与巩固，而忽视语篇的分析，因而从某种程度上制约了学生阅读水平的提高。在网络环境中，学生可以直接阅读到大量的英文阅读材料，如《读者文摘》、沪江英语网等都有潜在的信息资源，这些信息资源可以拓宽学生接触英语的视野，也可以丰富教材的内容，使英语语言的学习更加生动、更加丰富多彩。教师也应本着科学性、多样性、趣味性的原则对网络资源进行选择，指导学生进行阅读。这种在教师指导下的网络阅读，可以最大限度地解决因教材、师资等不足而遇到的难以解决的诸多现实问题。

总而言之，有效利用网络资源来帮助高中英语课堂教学进行改革还需要进一步实践探索。利用一切可以利用的网络课程资源来提高学生的英语水平，是高中英语教师的职责所在，是开展网络教学的目的所在，是提高学生英语应用能力的关键所在，也是高中英语课程改革的指导方向。

第二章 新课标背景下高中英语教学的设计

第一节 高中英语教学的目标与方式

一、高中英语教学的目标

(一) 语言知识目标

"语言知识包括语音、语法、词汇、话题、功能等内容"①，这一个层面的目标是传统教学模式中最为重视的一面，因为这一个层面的目标有章可循，也易见成效。一般而言，广大英语教师都能够注意到这一个层面目标，但是随着新课程的蓬勃开展，部分教师出现了矫枉过正的现象，过分忽视了知识层面的训练，这一个层面的目标是英语学习非常基础的环节，进行适当的积累和训练是有必要的。

(二) 语言技能目标

当前，对学生的英语能力有如下要求：在人际交往中得体地使用英语的能力；用英语获取和处理信息的能力；用英语分析问题和解决问题的能力以及批判性思维能力。由此可见，在语言技能层面，新课标对英语教学的要求有两个方面：一方面是日常生活中，英语语言的使用流畅得体；另一方面是使用英语获取和输出信息，并解决问题的能力，这个层面向更加纵深的方向发展。作为一门语言，英语中必然承载着英语母语人的思维模式和文化习惯。而语言技能目标就是要求学生充分掌握这一语言的各种使用情境，真正做到熟练地掌握英语。

---

① 朱碧芳. 对新课标下高中英语教学目标的理解 [J]. 新课程（中学），2017（6）：53.

（三） 情感态度目标

情感态度这一层面，也同样包含两个方面的内容：一是对于一种语言正确的认识和理解；二是学习语言过程中应具有的态度和品格。具体而言，就是先要正确认识英语作为一种语言的存在和理性，与其他语言相比较的平等性，以及学习英语的实用性，这是从英语作为语言的角度来考虑的；除此之外，还要使学生在英语学习的过程中，培养应有的学习态度和学科素养。例如，克服困难、迎难而上的攻坚精神，持之以恒的坚持精神，以及英语语言特别突出的交流合作精神等。这一层面的目标，由于成效不明显，难以量化，往往被广大师生所忽略，所以在这里要特别强调情感态度这一层面的目标。因为这一层面的目标虽然看似没有实际作用，其实对于营造良好的英语学习氛围、稳定学生的学习动机等方面都有着重要的作用。

（四） 学习策略目标

学习策略目标就是要培养学生探索学习方法，提高学习效率的能力，这个层面虽然任何一门科目的学习都是重要的，但在英语学科中，尤其是高中英语，更是要着重强调的。因为英语不同于其他学科，英语学科的学习有自己特殊的学习方法。首先，英语作为一种语言，想要真正掌握单靠记忆或者一段时间的训练是不够的，语言的学习是积累的过程，只有掌握语言的学习方法，才能让英语学习更加高效。其次，中国的英语教学大多都缺乏必要的语言环境，不能指望依靠语感、词感的熏陶，必须有高效使用的学习方法作为支撑。对于高中生而言，课业繁重，合理安排学习时间，轻松而有效率地完成学习任务是非常重要的。

（五） 文化意识目标

文化意识包括文化知识、文化理解、跨文化交际意识和理解。学习一门语言，自然要学习其中蕴含的文化，只学语言而不学文化，是不能够理解英语深层奥秘的。而高中英语的学习，本身就是为了跨文化交流而设计的，学习语言，就要培养学生文化交际的自觉性和主动性。当然，英语学习也不是让学生崇拜他国文化，而是通过外语学习和文化交流，将本民族文化与其他文化做比较，认识到不同文化的异同，也在比较交流中，增加对本民族文化的自信。

总体而言，这五个维度的目标不是分散的、单独的，而是相关的、联动的。甚至可以说，这五个维度本就是一个问题从不同角度阐释而得到的结果。我们在教学实践活动中，不能将它们分散来看，而要树立整体意识，五个维度齐头并进，才能真正达到新课标对英语教学目标的要求。

二、高中英语教学的方式

（一）教学方式的多维度理解

1. 教育学视野下的教学方式

教育学可视为教学的科学，或谓教育实际与理论的科学基础。透过有关教学与课程的实证研究及主要的研究趋势，研究发现适切的教学论主要建立在"符号互动论"社会学及"社会建构"心理学基础上。而新教学的研究典范强调"过程—过程"而非"过程—产出"研究。

从某种意义而言，教育即自我的呈现，学习是自我建构、再次建构的一段历程。学生用自己的方式，主动学习所要学习的一切。在此并不是否定教师的教学指导作用。换言之，学习必须主动诠释信息，或主动模拟技能，学习才有可能产生。而教师的意义则是相对于学生意义的，大部分是由师生互动过程中教育内容传递方向而定。这种师生的互动主要包括知识、态度、情感、技能等转化过程。

总而言之，师生双方都必须是主动的，教育才有可能产生。从教育学维度看，教育历程是一个平等但不一定对称的互动过程，通过教学，其目的是学习者德智体美等诸多方面产生一些较长久的改变，从而促进各方面的发展。

目前较为可行的是，通过整合途径，先将之前各个分散的理论统整，再将理论与实践整合，配合师生互动知识建构活动历程，通过实践检验、修正教育教学理念，方有可能达到理想的教学目标。

2. 教学论视角下的教学方式

教学论是教育学的一个分支，教学论必须研究的领域之一，是教学方法或授业方法的问题，这是引导、调节教学的过程。因此，研究教学方式不能不从教学论本身的维度出发，离开教学论的基本领域，就无法谈及教学方式。教学的目标在于尽可能地发展人类全面的潜力，使之掌握一定的知识、技能、态度、能力，使人能在社会中出色地活动，并为社会的存续发展与人类生活的进步做出贡献，这和我国当前新课程改革的精神完全符合。但是从教学论的概念以及教学的课题出发，教学方式不等于授课或授业方式。教学一般是以课堂教学的形式集中进行的，所以有人把教学论也称作授业学或授业理论。

将教学论等同于授业论是有问题的，这样将会模糊教学论现象的固有逻辑。无独有偶，将教学方式作为授课方式的也不乏其人。教学方式与授业方式并非等同。授业的方式是从各自学科的特殊视野研究授课方式的问题。而教学方式舍弃了各学科的特殊规律性，概括了种种形态或诸学科的教育学的特殊方法方式的现象和规律性，所以，从这一点出发，它是一般的教学方式。除了一般的教学方式，还有各学科的授课方式，为避免表述的混淆，可以称为授课方式。而且，从教学的过程方面而言，教学方式应该包含教养方式与教育方式的统一。

3. 建构主义理念下的教学方式

建构主义理论是目前备受推崇和关注的学习理论，同时也是当前世界基础教育课程改革的主要理论渊源之一，它是行为主义与认知主义等学习理论流派在长期的纷争中形成发展的产物，尽管建构主义在很多分支理论下形成了一系列的观点，如建构主义的学习观、教学观和课堂观。但其中一个非常重要的理念就是人们在自身原来的知识背景、经验世界、认知结构基础上，可以并应该通过自我建构体系来加以认识理解世界，重构新观念、新事实、新信息，它可以单独构建，也可在小组伙伴、经验、角色扮演等影响因素下共同建构。

因此，从理论与实践相结合的视角来重新思索当代建构主义理论与教学方式之间的问题，将对提升我国课堂教学水平质量具有重要意义和价值。

所谓认知弹性，是指以多种方式同时重建自己的知识，以便对发生根本变化的情境领域做出适宜的反映，这既是知识表征方式超出单一概念维度的多维表征功能，又是作用于心理表征的各种加工整套图式的过程的功能。

学习者就是以自己有意义的各种方式主动建构知识，理解知识，这种建构是可以通过各种经验和外部资源、工具、情境的方式进行的，而这种理解却不能通过外在的资源来获得。因而教学者，如老师只能加以帮助、促进与引导，由此，建构主义倡导使用丰富多彩的教学方式进行课堂教学，如问题式教学、支架式教学、抛锚式教学。

（二）高中英语教学方式特征与类型

英语教学分为本体、实践和方法三大层次，各个层次都有自己特殊的研究目标和内容，那么对英语教学方式的研究，就贯穿于这三大层次之中，它既包括教学的主客体、与课堂教学实践还涉及教学的条件与方法，亦即教师、学生、课堂教学、教学环境等，从这个意义上而言，高中英语教学方式可谓貌似抽象实则具体、初看狭窄凝视深广、始观简单细究繁复的研究领域。再加上人们对英语教学模式、英语教学方法等丰富的研究，因此，有必要对英语教学方式的概念定义、基本特征、基本类型做简明扼要的阐述。

在英语中，较为流行的是英语教法或教学法或教学方法的提法，少有英语教学方式之谓。英语教学方式就是以系统性、程序性、组织性为基础进行语言教授的方式和方法，即以何种方式组织实施语言教学，实现较佳教学效果，它不仅关注英语语言及英语语言学习本质特点，关注英语教学目标和课程标准，还关注师生个性特点、活动技能与类型等。

1. 高中英语教学方式的主要特征

（1）高中英语教师教学方式的多样性特征。在高中英语课程中，围绕教学，由于教学目的目标的复杂性，教学课程内容的丰富性，作为培养学生英语学习兴趣，增强学生英语学习动机，提高学生英语学习成绩，增进学生满意度，培养学生英语素养的教学方式、方法、策略，出现多样化的趋势。他们的教学方式各式各样，各有千秋，异彩纷呈。教学方式主要包括讲授法、讨论法、自主学习法，比较引人注意的是直接教学法、个别化教学、问题探究教学法、合作学习教学法。

多样性教学方式是指教师基于其不同的学习目标从他们掌握的教学方式资源库中，选择不同的教学方式。这也意味着教师根据单独的课程或教学单元关联和使用不同种类教学方式。对于复合型人才，多才多艺的理想教师标准来说，多样化、多式态的教学方式也是灵活变化的课堂教学中非常需要的。根据不同的情况，英语教师积极发挥自我能动性，可进行挥洒自如"剪裁"不同情形的英语教学。

（2）高中英语教师教学方式的差异性特征。不同类型的教学方式有着不同的特点，而且不同的教学方式有着各自的适用范围。其间种种的差异性和独特性恰恰构筑教学方式得以存在的条件。通常而言，教师使用两类教学策略来满足班级所有学生的需求，一类是多元化的教学方式，一类是差异性教学方式。差异性包含两种意思：一是基于教学方式本身之间的差异；二是教师按照学生差异性特点，进行差异性教学，即参照教师适应于课程安排和教学方法的情况，这样，学生可以学至自身潜能水平。而连接多样化教学方式和差异性教学方式的逻辑在于有效教学和个体能力、智力认知发展的差异。

在高中英语教学中，教师可以根据教学内容、学生特点，利用教学方式的不同差异性，基于良性开展教学实践，把学生作为教学的主体，适应不同学生不同的需要，引导高中英语教学。

（3）高中英语教师教学方式的动态发展性特征。教学方式绝不是固定不变的东西，它总是处在无休止的演进、分化、重组的过程之中，因为它变式繁多，从时间和空间的视角考查皆是如此。但人们的思维表达并不局限在此。教学的外在实施形式多种多样，教师们并不可能都说同样的语言，用同样的句型，用同样的案例，同样的活动等。反之，在基于学生的发展为本的思想明确后，教师们对教学理解的方式，在课堂中的教学行为方式，或是引导学生发展的反思的根本实质内容却是变动不居、因人而异的。

教学方式，作为教育教学的一个子体，既秉承了教育母体的"人与社会"的功能，又具有自主的独立精神，它表现于教学参与者——教师和学生，也表现于教学目标、教学内容、教学方案，还表现于教学组织形式、教学实施方法等基于不同的分类标准，也形成了教学方式的诸多类型的称谓，这样，在形态上也就拥有了这各种"式样"的有形身体。然而，这副有形身体，作为一种物质形态的结构，一方面，在一定程度上保留体现了这种精神；另一方面，也在一定程度影响甚至禁锢了这种精神。

外在形式一旦形成，往往就会借助某种惯性的力量，或是由于成功地适应了新的情势而长久延续下来。从某种意义上而言，教学方式即"运动的状态"和"存在的状态"的统一体，这种"运动的状态"将之列为教学方式运动的形式，即动态性，这种"存在状态"，可以视之为教学方式的发展性。

2. 高中英语教学方式的类型划分

英语教学方式大多是由英语教学方法层面进行研究讨论的。从英语语言学发展史上尚无严格意义上加以界定的英语教学方式，在英文中也很难找到一个完全契合的单词。我国对英语教学方式的称谓常常有英语教学方法、英语教学法、英语教学方式、英语教学途径等。尽管在中文的表达中有所差异，甚至有的学者专门撰文解释如外语教学法与教学方法的区别。然而，虽然文字有异，但研究涉及的内容范围大体一致，都是围绕作为第二语言的英语教学方式、方法、形式、办法、手段、途径等相关问题。

在世界外语教学史上，影响较大的英语方法主要有：语法翻译法、直接法、阅读法、口语法、听说法、视听法、认知法、交际法、全身反应法、沉默法、暗示法、协作法、自然法、咨询法、任务法、整体法、内容法、词汇法。富有个性，多样化的英语教学方法，经过斯基拜克的教育哲学分析统整，将之归为三类古典人文主义、重建主义、渐进主义。其中古典型的代表是语法翻译法。另外，重建主义强调口语交际，因此听说法、情境法便成为典型。而英语新课程标准倡导的任务型教学法和风靡很久的交际法则归属于渐进主义教学，它强调英语学习的真实语境，重视学生的交际能力。

我国新课程推行以来，主要提倡自主、合作、探究学习的教学方式，因此对英语教学方式不同类型的分类与归属，是不同于对英语语言教法的划分，它围绕高中英语新课程理念下倡导的体验、实践、讨论、自主、合作、探究教学进行探讨，主要分为自主学习的英语教学方式、合作学习的教学方式、探究学习的教学方式，这种教学更加关注英语教学过程，强调英语教师的经验、感觉、个性等，以"看似无式，心中有式，看似无法，心中有法"、将"有形化无形"的太极精神融入丰富灵动的英语课堂教学中去。

（三）高中英语教学方式选择的依据

1. 高中英语的教师与学生

高中英语教师是教师群体既普通又独特的一员，他们既有教师共性的特征，也有其独特的一面。我国高中英语教师，尤其是高三英语教师，更是备受社会、家长、学生瞩目。除了在关心高考教学以外，高中英语教师对学生英语水平的提高发挥着至关重要的作用。在英语教学过程中，作为教师个体，他们的个性特质、受教育经历、人格魅力、课堂教学权力、英语课程意识、英语综合素质能力等都将成为教学方式择定的参考依据。高中学生阶段是人一生最难忘的时期。在这段时间里，高中学生承载诸多的压力与动力，身体成长发育的同时，心理也逐渐开始成熟，独特个性也日渐形成。因而，高中学生在英语学习方式、学习风格、学习水平、学习能力等很多方面皆有巨大的差异。

教学过程是一个双边的活动过程，英语教师的教学方式必然离不开学生维度的考量，因此，学生的具体状况，也是教师教学方式确定的重要制衡砝码。

2. 高中英语教学的课程标准

高中英语课程的总目标是使学生在义务教育阶段英语学习的基础上，进一步明确英语学习的目的，发展自主学习和合作学习的能力，形成有效的英语学习策略，培养学生的综合语言运用能力。根据高中学生认知能力发展的特点和学业发展的需求，高中英语教学要鼓励学生通过积极尝试、自我探究、自我发现和主动实践等学习方式，形成具有高中生特点的英语学习的过程与方法。

高中英语新课标是高中英语教师择用教学方式的最直接的统帅，是指导英语教师进行课程教学最主要的标准之一，它决定着高中英语学科的发展方向，涵括高中英语的教学目标、教学内容，并且在后续部分提供了相关教学建议，因此，必然成为高中英语教学方式的选择、运用的直接首要依据。

（四）高中英语教学方式运用的方法

1. 视情境而定的方法

教育界广为流传这样的话：教学有法，教无定法，贵在得法。这句传颂甚广的教育箴言至今仍熠熠生辉。教无定法，一句简短的回答何以能够概括英语教学的诸多复杂性。在英语课堂，教师采用哪种教学方式，如何教，取决于教师执教怎样的学生群，执教的学生究竟是怎样的状况，包括年龄、智力、风格、个性、学能、态度、动机、策略等在内从不可变到可变的连续统一体，还包括他们的已知和欲知。对于教师而言，取决于已知、信念与期望，取决于学生的期望等。简言之，在特定学校的特定的班级，在特定的时间里特别的教师，面对特定的学生，采取怎样的教学方式教授高中英语某一特定内容，都应正视教学情境、情形而定。

2. 彰显个性化的方法

提到个性化教学，很多人第一反应是针对学生个性差异实行教学，以促进其素质潜能的充分发展。实际上，个性化教学，不仅应该局限在学生个性的范围内，也应该是富有个性特点的教师的个性化教学。

3. 变革传统的讲授法

方式是教师的方式，方式是教师来选择运用的，教学方式的变革和创新，必须积极重视教师这一实践主体者的综合能力与综合素质的提升。就算是相同的讲授法，不同的教师，或个性不同，或综合素质不同，或特长能力不同，在应对不同的课堂情境，面对不同的学生时候，其施行效果也是不尽相同，甚至大相径庭。

讲授法在不同的教学阶段、不同英语教师使用者上表现有不同的层次水平，发挥不同的功能。在接纳先进崭新适宜的英语教学方式时，也要警惕其成为新一轮的约束力量。换言之，在传统与新生之间，绝不能有新而弃旧，并将之视为唯一正确、永恒的标准去全盘否定其他传统的教学方式，如讲授法。倘若如此，任何一种新的教学方式都有可能成为新一轮主宰的扼杀力量，这种危险，应该加以警惕。

4. 多样化实施教学的方法

课堂，是时刻充满变化灵动的课堂。正像学习方式变革的核心是要实现学习方式从单一到多样化，教学方式的变革也要从单一走向多样化。高中英语教师在具体鲜活的教学实践中，应该采取多样化的教学方式，充分发挥不同教学方式的优势功能，以长济短，扬长避短。根据不同的情境变化，施用不同的教学方式，以构建出多元和谐、相融共生美妙的英语课堂场景。

（1）多样化的教学方式，可以激增学生学习的兴趣，强化学生的学习动力，这一观点获得了教育理论界和来自一线教学实践强力验证和大力支持。优秀的英语教师常常可以将多样化运用到课堂行为的几乎每一个角落。从微观层面而言，它可能包括语言行为、非语言行为、教学方法、活动组织、讨论提问、表情手势、检查评价等。以学生回答正确表扬为例，除了平常简短 "good/great/ok/wonderful/excellent" 之外，优秀英语老师还会以个性鲜明的表情或手势，辅以针对不同学生特点评语，如"you do a good job/you are excellent/brave/very creative idea/rich imagination/socialable action"等，因势利导，给予学生适应性鼓舞，使学生兴奋性和积极性大大提高。

（2）多姿多彩的教学方式可以积极影响学生的注意力和参与精神，提高学生对英语信息的吸纳能力，拓展语言知识，培养和应用语言运用能力；反之，教学方式多样化的缺乏，可能会对学生造成负面情绪，影响学习。

（3）多样化的教学方式，并不意味着要求教师教学风格对学生学习风格趋同。尽管教育学界已基本达成共识，课堂教学应当以学生为中心，让学生的不同学习需要、不同学习方式引导教师的不同教学计划。换言之，为了能够实现良好的教学效果，教师的教学方式应匹配学生学习方式而展开。因此，英语教师们除了需要意识到学生的学习方式多样化以外，必须根据学生的学习方式来做出调整，因材施教，运用多样化的教学方式，并提升方式施用的灵活性来确保教学的有效性。但这并不意味着要求教师教学风格趋同于学生学习风格。原因在于，由于风格匹配的研究结果比较混杂，当学生和教师的风格相匹配时，有些学生会学得好一些，并会给自己教师更好的评价，而有些学生则不一定。甚至，有些学生会希望他们的教师和自己的风格完全不一样。

（4）在英语的课堂中，多样化教学方式，这种范式是处在平衡融合的均势还是相互冲突矛盾状态中呢，每一种教学方式，从本质上，都是独具风格，都有独特之处，这种自身特性不可复制，正是其特性本原，它才成其存在。然而，在日益复杂的教学世界中，特别是倡导整体性课堂教学中，多元化的教学方式要实现"和而不同"鲜活课堂，注定要走向相互融合、相存共生，才能最大限度地发挥和谐整体超越部分的整合功能。然而，接下来需要关注的是，这种同在融合，又时有冲突的多重影响形成的范式究竟将走向何方，最终处于哪种形态，很难有人能够解释得绝对清楚。因而，由之便也产生了在复杂教学世界中，多样化的教学方式带给人们对确定与模糊，融合与冲突的矛盾话题。问题的关键在于在提供选择和保护课程教学体系中找到平衡，唯有如此，才有可能既能够使不同的学生接触到各种不同的教学方式，更加提高教学成效，还能够阻止课程教学体系分裂化，这对于英语教学工作者来说，也将是一个很大的挑战，值得人们的进一步研究。

需要注意的是，尽管多样化的教学方式安排选用对学生学习具有重要的影响，但是，这种多样化并不能够产生直接促进学生学习。因为学习的主体仍然是学习者，教师采用施展各显其能的教学方式，只能从外部条件影响和间接促进学习者，进行学习的转变的各种准备，蓄势待发，但最终的关键仍在于学生自身思想意识的转化、学习经验的同化、重组、建构，从而习得语言知识，提高语言运用能力，实现情感、态度、价值观的全方位进步。

5. "组合式"的教学方法

"组合式"的教学方法即在自主、探究、体验、活动、理解、对话、反思中进行英语教学。作为高中英语教师，应该意识到，教师的教学方式与学习方式是相辅共生的。为了实现更为有效、高效、全效的教学效果，在英语课堂上，教师应该设计各种富有特色的教学活动，组合多种多样的教学方式的变形"金刚"。多元化的教学方式能够调剂英语课堂的气氛，增添英语课堂生活的情趣，丰润师生的精神。通过不同的教学方式，可以从英语课程的不同模块的语料中，形成发展各种类型的思维能力。一旦教师和学生能意识或充分把握这种多样性，就不会仅仅把某些观点、态度、结论理解为一些可以明确地限定要素的组合，而是作为一种不确定的力量。

在英语课堂具体的情境中，教师不能够再依据过往经验、固定教学思维，想当然自以为是地直接给出唯一"标准答案"，这是因为，这种事先框定好的教学预期结果或结论，在鲜活的教学过程中有可能阻滞学生探究的好奇心与兴趣。在遭受初始阶段多次的挫伤、打击或磨损，或许就会夭折学生的新视野、新思维和创新力。英语课程，作为一门第二语言，它更加重视学生的听、说、读、写，尤其是开口说的能力和勇气，因此，教师要鼓励学生通过体验、实践、讨论、合作和探究等方式，发展听、说、读、写的综合语言技能，要创造条件让学生能够探究他们自己感兴趣的问题并自主解决问题，要特别强调让学生在人际交往中得体地使用英语。

同时，在民主平等、互相尊重信任的基础上，英语教师和学生在交往互动的对话教学中，真诚交流，共同提高英语学习水平。在这个"为理解而教"的时代里，高中英语更需要理解教学，这种理解不仅包括师生对高中英语文本理解，还包括师生的"自我理解"和"人际理解"。

另外，英语课堂教学，顾名思义，即在真实的英语课堂情境中进行的教学，而"反思性教学"，则是教师以自身教学活动过程为参照，对自身教学行为、决策以及由此所产生的结果进行批判性测查与反思的过程。与其说是课堂情境教学，不如称之为"一种人为设计的教学经验"。然而，这种特别的经验深深影响并指导高中英语教师的教学实践，洞察英语教学的过程，评鉴英语教学的成效，帮助高中英语教师成为一个勤于动手、善于思考、富于智慧的实践者。总而言之，高中英语教师通过自主、探究、体验、活动、理解、对话、反思等方式开展教学，可帮助教师在未来的英语课堂教学活动更加富有成效。

第二节　高中英语教学主体及其转变

一、教师的角色及其转变

传统的教学模式大多是以教师为中心，师生之间是命令与服从的关系。新课标强调关注信息化环境下的教学改革，着力发展学生的核心素养，要求教师要积极探索有效的教与学的方式，研究如何在教学中将语言知识转化为学生的语言运用能力，帮助学生正确理解和表达意义意图、情感和态度，努力实践指向学科核心素养发展的英语学习活动观，实施深度教学，落实培养学生英语学科核心素养的目标。从英语课堂教学的全过程来看，与传统高中英语教师角色相比，其转变应体现在以下方面：

（一）课堂活动设计与组织者

在设计一堂课时，教师先要确定教学目标，然后设计为实现教学目标所需要进行的具体活动。教学目标的实现取决于教学活动的有效进行，因此，如何组织教学活动就成了我们首要关注的问题。在组织教学活动时，教师要注意：①让学生明白活动的步骤。教师在交代活动或任务时所使用的英语应该尽量简单，让学生听得懂，必要时做示范以帮助学生理解。②让学生明白活动的目的。例如，在学习了一篇关于环境污染的课文之后，为了让学生学习使用课文中的语言，可以设计一个看图写句子的活动，教师需要讲明目的，明白了活动的步骤和目的，学生就会知道自己应该"做什么""为什么这样做"，从而提高活动的功效。③课堂教学环节的过渡要自然、顺畅，教学活动的难度要有层次。

（二）学生语言实践的指导者

在学生进行语言实践的过程中，教师的指导作用是不可低估的。教师要能指明方向、提供资源、提供选择、帮助判断并给予鼓励。在指导学生进行语言实践的时候，教师要始终遵循以学生为主体的原则，关注学生的表达及反应，只有当学生需要的时候才给予适当的帮助。如果就某个话题进行讨论，在学生热烈发言的时候，教师是一个倾听者，一边听一边记下学生发言的要点以及严重的语言错误；学生因不知如何表达而卡壳的时候，教师要及时地进行引导；对于学生的优秀表现教师应给予肯定和称赞；当讨论中出现长时间的沉默时，教师应提出问题把学生的思路引上轨道；在学生发言结束后，教师对学生发表的观点给予反馈，并对严重的语言错误加以指正。

（三） 学生主动学习的促进者

新课标要求教师不要一味地向学生传授知识，使学生处于被动接受的状态，而应该激励学生独立思考、积极探究，自己去探求知识，去寻找问题的答案。在促进学生主动学习方面，教师可采取多种措施，如提出问题，其难度在学生英语水平之内或略微高出；引导学生归纳语言知识，如在讲授定语从句的时候，教师先引导学生找出课文中带定语从句的句子，让学生在理解意义和结构的基础上对句子进行分析，找出规律，总结出定语从句的构成。

（四） 语言训练活动的监控者

现代教育观念认为，教师与学生是平等的关系。但是，教师仍须注意对课堂活动进行适当监控。在语言的三种练习形式即机械练习、有意义的练习和交际性练习中，机械练习的目的是加强语言的准确性。在进行机械练习时，教师必须控制学生的语言，并引导学生用正确的语言形式进行表达。在进行有意义的练习时，教师也不能忽视语言错误。但是，在进行交际性练习的时候，教师就不能一听到语言错误就打断学生，而是应把注意力放在内容上，看学生能否表达出自己的思想，当然，对严重的语言错误应该在交际活动完成之后以婉转的方式指出，但不必要求学生立即重复正确的语言形式。

另外，教师还应该控制课堂活动的时间。教学是按计划进行的，有时课堂上突发的情形要求教师必须灵活地调整教学计划，但是调整的幅度必须有一定的控制。原来计划用 5 分钟进行的活动，由于学生兴致很高，结果进行了 10 分钟还未结束。如果该项活动的目的已经达到，并且如果再延长时间有可能影响到下一步教学的话，教师就应该以不打击学生情绪的方式停止该项活动。如果某个学生发言时间过长，使别人没有机会发表意见，教师也可以找准时机委婉地打断他。总而言之，有效地控制课堂活动时间是完成教学计划的保证。

当然，当大部分学生的理解、认知或语言实践活动没有按预期完成时，就要更改教学进程，增加学习时间或调整教学方法。

（五） 进行语言规范的示范者

一名优秀的高中英语教师必须是规范语言的示范者。教师用英语授课，其本身就是对学生进行语言输入，经常性的错误语言输入必然导致错误的语言输出，这种错误的表达会使学生养成一种习惯，若要改正就需要付出很大的努力。教师的任务不仅是帮助学生使用正确的语言，教师自己也要始终使用正确的语言。

（六）语言实践活动的参与者

高中英语教师除了组织、指导、控制语言实践活动之外，还需要参与到活动之中。教师的参与应该起到解决疑难或者示范的作用。在角色扮演中，教师可以扮演一个对学生而言有难度的角色，使用学生能够理解的语言，表达学生不会表达的意思，从而使活动顺利进行下去。在进行讨论时，教师也可以发表自己的观点，并且允许学生质疑和反驳。参与语言实践活动时，教师是一个平等的参加者，是合作者，而不是支配者。

（七）开展学习活动的评价者

评价是教师的一项重要工作，评价能使教师了解学生的学习状况，为因材施教提供依据，从而提高教学效果。在课堂上，教师要对学生学习过程中的表现进行全面的评价，对其所取得的成绩给予肯定，对存在的问题也要给予反馈。无论是成绩还是问题，归根结底都与学生本身的情感、态度、学习策略、学习习惯，以及教师的教学方法有关。因此，评价学生的情感、态度、学习策略和学习习惯是课堂教学评价的重要组成部分，反之，能够促进教师教学方法的改进。

评价学生课堂学习的具体内容要以每一节课的教学目标为依据。例如，教学目标是使学生能够抓住文章的中心思想和主要细节，并能够根据上下文和句子结构猜测某些单词的词义，那么，在评价的时候，教师首先应该检查学生的理解程度，对正确的理解及适当的阅读技巧的运用给予肯定，对理解错误或阅读中遇到的困难进行分析，找出导致这些问题的原因，如是否集中注意力，是否有词汇或语法困难，是否缺乏背景知识，阅读速度是否适当，是否懂得相应的阅读技巧等。其次将原文反馈给学生并给予指点和鼓励。评价应有益于帮助学生树立自信心，有益于帮助学生根据阶段性学习目标和自己的学习情况确定并采用恰当的学习策略，有益于培养学生的自学能力。

二、学生的角色及其转变

传统的英语教学中，学生经常处于被动接受知识的位置，新课标强调改变学习方式，教学中不仅要关注教师"怎样教"，更应关注学生"怎样学"。教师除了充当好自己的角色外，还要帮助学生充当好学习者的角色，具体包括以下方面：

（一）自觉的调控者

培养学生终身学习的能力是高中教育的最终目标。在培养能力的过程中，教师需要引导学生经常对自己的学习做出反省，看看自己取得了哪些进步，存在哪些问题，问题的原因何在。对英语学习的反思涉及课堂教学内容的掌握、目前运用英语的能力、成功与失败的原因、自己的学习特点、与其他同学的比较、与课程标准的距离以及改进学习的设想等。通过经常性的反思，学生能够认识自己，总结出适合自己的学习方法，形成自己独特的学习风格，从而在学习上逐步走向独立和成熟。

（二）积极的倾听者

教学内容要通过教师的教学来实现。教师通过教学使学生了解学习内容、明确学习目标、理解基本概念、进行语言实践、掌握学习方法。一个学生如果从开始就有认真听课的好习惯，并且积极参加语言实践，经常复习、巩固所学知识，他的英语学习就会稳步提高；反之，如果学生上课不专心，"学习"的行为就不可能发生，知识和能力的获得就根本无法实现。因此，教师必须靠激情、智慧、幽默及循循善诱来吸引学生的注意力。如果一个学生听讲有困难，就需要教师帮他寻找原因，并采取相应的措施。

（三）主动的参与者

教师必须让学生明白，英语课是实践性很强的一门课程。如果只是理解了教材中的知识或概念而没有进行语言实践，那么，使用英语的能力是不能培养起来的。语言实践涉及听、说、读、写四项技能的训练、应用语法知识的训练以及语音、词汇训练等。在高中英语课堂上，教师应通过设计有趣、有用且可行的活动调动起学生的积极性，使他们积极参加到语言实践中来。在活动中，教师要通过营造宽松的气氛帮助学生克服胆怯心理，使他们不怕出错。

（四）独立的思考者

在高中英语课堂上，教师要对学生进行各种学习指导。教师的指导是为了给学生提供帮助，使学习活动顺利进行下去，让学生学有所得。但是，有时教师也会犯错误，一个坦诚的教师不但能够客观地认识到这一点，而且注重培养学生自己判断正误的能力，使学生既信任老师，又不盲目依赖老师，并且还时常与老师共同探讨问题，发表自己的见解。

（五）自主的探究者

学生不能只是单纯被动地接受教师传授的知识，而是要善于提出问题，积极进行探究，尝试寻找问题的答案。在高中英语课上，能够让学生进行探究的一个重要领域就是语言知识，如语法规则、拼写规则、读音规则，以及词的构成。如果教师采用归纳法进行语言知识教学，就易于给学生创造探究的机会，因为归纳法要求学生在理解分析例句的基础上尝试寻找规律，总结规则。另外，教师通过布置课外作业，如查找课文的背景资料或进一步了解课文涉及的某些方面的知识，能够使学生有更多的时间和空间进行探究，因为他们可以充分利用课外书、互联网等各种学习资源。

（六）愉快的合作者

学习英语需要与人交际，在交际的过程中练习语言项目，尝试使用英语，因此，合作学习是必不可少的。教师首先要培养学生的合作意识，可以给他们布置活动，如对话练习、互查作业、互相指导、互相评价、小组间的竞赛等活动，使他们在活动的过程中体会合作的意义，认识到通过合作大家可以共同取得进步。其次还需要让学生懂得合作的技巧，学会与人合作。一个合作小组，不论是两人还是多人，都是一个整体，组员之间是平等的关系，每人都应该有发言的机会，每人又都应该倾听别人的发言，任何人都不可嘲笑或控制别人。当意见不一致时，要学会协商。在小组中倡导互助精神，当组员学习上遇到困难时，大家都应该伸出援助之手。

第三节　高中英语教学设计及其要素

新课标理念下的教学设计，至少应包括以下内容：

第一，教学设计是一个开放的、动态的过程，是能够充分体现教师创造性的教学"文本"，而不仅是静态的、物化的"作品"。在传统的观念里，教学设计与写教案之间是等同的。教案是教学之前备课的物化产品，它设计了即将要进行的教学内容和教学组织方式，写教案本来是教师的创造性劳动，是难以用量化的指标进行评价的，但是部分学校，用教案来衡量一个教师教学专业水平的标准。教学设计是一个动态过程，要把教学看作备课、上课、课后反思等一连串的动态过程，要看到在这整个过程中教师的创造性劳动，唯其如此，我们才可能真正理解教学。教学设计是一个动态的过程，这意味着教师对教学设计的理解是没有终点的。在成为教师之前，教学设计对其而言仅是一个学术概念；成为教师后，学术意义上的教学设计变成了活生生的实践，教学设计成了他生活的一部分，与他的创造性劳动联系在一起，这时的教学设计对于教师而言就有了丰富的意义。

第二，教学设计的过程是一个教师个体的"教学哲学"觉醒、校正、丰富的过程。教师都拥有自己独特的教学哲学，我们可以称之为"个体教学哲学"或者"实践教学哲学"，它是植根于每个教师的内心并内化为教学行动的信念和理论。我们可以把教学理论分为倡导的教学理论和所采纳的教学理论，倡导的教学理论是老师口头上说的内容，有时是迫于外在形势不得不说的内容；所采纳的教学理论是真正被教师用于指导教学活动的内容，可能教师自己都还没有意识到。教师的个体教学哲学指的就是后面这一种。

教学设计就是要促使教师认识到自己个体的教学哲学，让这些沉睡的教学信念觉醒，并在教学中自觉地运用、验证、校正和丰富它。只有一个对自己个体的教学哲学有着清醒意识的教师，才可能形成自己的教学风格，才可能把教学引向博大、深醇的境界。

一、高中英语教学设计的主要模式

随着教学质量的改革，高中英语教师必须创新自己的教学方法和全面提升英语教学质量，选择最有效的教学方法来提高教学质量，帮助学生的英语水平进行全面提升。

（一）内容型的教学模式

内容型教学模式与交际法具有相同的心理学和语言学理论基础，是交际教学法的一种。与交际法不同的是，内容型教学模式关注学习输入的内容，主张围绕学生需要掌握的课程组织语言教学。因此，可以将内容型教学模式定义为：一种主张围绕学生所学的学科内容而展开教学的交际语言教学形态，它强调围绕学生需要获得的内容或信息，而非语言或其他形式的大纲组织教学，以达到内容教学和语言教学互相促进、共同提高的目的。内容型教学模式的语言观主要有以下方面：①语言是一种获取信息的工具，而信息是在语篇中建构和传递，因此，语言教学要以语篇为基础；②在现实生活中，听、说、读、写四项技能是不能分开使用的，语言教学也应把四项技能综合起来培养；③语言的使用是有目的的，学生在学习过程中要清楚所学语言材料的目的，并使之与自己的目标联系起来。内容型教学模式强调关注语言技能以外的能力和素质，因为语言本身是一个符号系统，是一种排列组合，本身的深度和美感来自"运载"的内容。

1. 内容型教学模式的原则

关于学习理论，内容型教学模式有一个核心观点：语言学习不局限于语言本身，而是作为一种了解信息的途径，语言学习才能成功，这个核心原则衍生出以下主要原则：①当所学习的内容被认为有趣、有用且能够指向预期目标时，学习的语言习得才能成功。因此，提高学习效果，必须注意学习内容与学习者的实际联系。②有针对性地进行高中英语教学，才是良好的教学，符合学生需要的教学，才会取得好效果。内容型教学模式强调学习的内容要有针对性，必须符合学生的需求。尤其在有特殊用途或学术用途的培训课程时，更要充分考虑学生具体的行业需求或学术需求。③教学要在学习者已有经验之上进行，教学要充分考虑到学生进入课堂时已经具备一定的学科高中英语知识。

2. 内容型教学模式的应用

内容型教学模式的倡导者开发了多个中国企业品牌竞争力指数（CBI）① 项目，探索出多种教学模式，并将内容型教学理念描述成一个连续体，一端是内容驱动型教学；另一端是语言驱动型教学，在两极之间存在多种教学模式，使语言与内容有着不同权重。在完全和部分沉浸式教学过程中，内容是主导，二语是媒介，正规的学校课程是教授内容，它的有效性更多地取决于学生对内容的掌握，而语言的掌握是一个副产品。保护式教学的授课对象是非本族语者，由学科领域专家担任教师，但在授课过程中需要关注学生的英语水平，调整教学话语使教学内容更容易被学生理解。

此外，高中英语教师还需要选择适合学习者难度的教学材料，并根据学习者的语言能力调节课程要求。附加式教学强调语言学习和内容学习同等重要，附加式教学中的语言和内容融合可以通过团队合作实现，即语言教师负责学术读写等语言技能，内容教师则负责学术内容的讲授。主题式教学通常在二语或英语教学情境中进行，课程大纲围绕主题或话题，最大限度地利用内容传授语言技能。偏向于内容驱动型的教学模式要求学生具有中级或更高的语言水平，以及相关的学科内容知识；偏向于语言驱动型的教学模式与传统的语言教学更为相似。

内容型教学模式秉承"做高中"的教学理念，鼓励学生进行自主学习、合作学习和体验学习，要求学习者扮演积极的角色，积极地理解输入材料，有较高水平的歧义容忍度，愿意探索新的学习策略，多角度阐释口头或书面语料。学习者可参与学习内容和活动方式的选择中，为学习内容提供资源。学习者要对内容型教学有十足信心，积极适应新的角色，成为一个合作型的、参与型的自主学习者。内容型教学模式通常选择真实语言材料作为教材，真实性一方面指本族语学习者所使用的教材；另一方面指源于报纸或期刊文章，

---

① 中国企业品牌竞争力指数（CBI），是能够反映中国自主企业品牌整体竞争力水平的体系，涵盖财务、市场、潜力及客户四个指标，对中国自主品牌建设评估和预测具有重要作用。

并非为语言教学目的而编写的材料。

（二）交际型的教学模式

英语教学水平和研究水平的提高，既得益于语言学理论研究的进步，也是人们进一步认识语言本质的结果。人和人之间交流的是语言信息，语言属于信息系统，也是人类在交际过程中必不可少的工具。有交际才有语言，语言教学的目的不仅在于提高交际能力，还在于解决交际问题，因此，"高中英语课程教学既要传授给学生语言知识，也要培养学生的语言交际能力"①。大部分语言教学理论都认为让学习者具备良好的语言交际能力，才是语言教学的目标，因此，交际是高中英语的教学方向，即在交际过程中提高学生的口语运用能力。

在高中英语教学中，策略能力、语法能力、话语能力和社会语言能力都属于交际能力范围，要求学生掌握，这些要求学生不仅具备一定的交际手段和良好的语言表达能力，还要求他们掌握一定的交际规则。人们常用口语和书面语两种语言交际方式，而口语和书面语正是这两种交际方式存在的区别。书面语能力通常指英语交际能力，但无准备性、对可视情景的依赖性、交际的直接性、手势及面部表情的使用性、相对独立性等，又是英语交际能力具备的特征。因此，口语交际本身的特征比较特别，但在交际时则强调互动性。

1. 交际型教学模式的原则

教学的场景和内容、学生和教师共同构成英语口语交际教学系统。教学信息通过这些构成要素，实现在教授系统和学习系统之间的切换，因此也推动这个系统的发展。信息在英语交际教学过程中并不是一直存在，师生在这个过程中要遵循相应原则，并且创造良好的交换环境。

（1）意义原则。意义是交际教学法的核心，因为人们在用英语沟通的过程中，重点并不在于语言的正确与否，而在于意义的传达是否到位。教师在进行交际教学时，尽量不要对学生在语法上出现的每一处错误都给予纠正，而是应该增加容忍度。教师应意识到，无论是语言学习，还是其他学科的学习，都是在错误中取得进步的。

（2）互动原则。英语交际的重点在于交际，双方在交际过程中的沟通都是以口头语言为主。因此，"交际"应该与听说一样，成为口语交际教学的重点，让课堂教学中的信息实现双向互动或是多向互动。在英语交际教学活动过程中，教师要始终以学生为中心，保证学生在交际活动中的主体地位。教师也要让自己成为平等的参与者，实现师生间的平等

---

① 王璐. 高中英语交际教学模式浅谈 [J]. 西部素质教学, 2017, 3 (22): 184.

交流。

（3）平等原则。交换和传递信息的人都是参与口语交际教学的主体，而且他们都是有意识且具有能动性，其实是交往活动。他们在这个活动中始终保有积极状态，也说明这个过程并不是强制性的、没有互动的单边活动，而是主体之间始终有交流的双边活动。保证教师和学生之间实现平等，英语教师要始终以学生为中心，让学生成为课堂活动的主体。首先，在英语交际教学过程中，教师应及时鼓励学生，让学生发挥自身具备的资源优势，与教师共同进行信息的交流和沟通；其次，在教学活动过程中，教师应充分意识到学生群体是充满了充沛的情感和无限的个性，每个学生在人格、语言表达和认知方式上都存在不同。教师要做的是对学生自身具备的情感和人格给予充分尊重，才能让公平和平等出现在口语交际教学活动中，也是双向或多向交往的前提。

2. 交际型教学模式的应用

（1）掌握听的技巧。听是英语交际的重要组成部分，交际的双方可以选择和调整自己的说话方式，却不能改变别人的说话方式，无论对方是怎样说的，从交际和沟通的角度而言，都要求听话者能听懂。在课堂教学中，学生要听教师的讲授，回答教师的提问，倾听同学的发言，这些都要求学生掌握听的技巧。因此，口语交际教学要教会学生成为一名合格的"倾听者"，只有听清楚、听明白，才能提高说的质量。

（2）掌握说话的技巧。听和说在口语交际过程中不可分离。说话的目的不仅是传达信息，还为了表达思想。成功的口语交际需要高超的说话技巧，而说话技巧也体现在说话的连贯性上。训练学生说的能力，应从敏锐的感知力、高度的注意力、快速的记忆力、深刻的理解力、丰富的想象力、正确的品评力等方面着手。

二、高中英语教学设计的过程要素

（一）高中英语教学设计要素之备课

备课，是指教师在课堂授课之前进行的设计准备工作，即教师根据大纲、课程标准等的要求和本门课程的特点，结合学生的具体情况，选择合适的教学方式与方法，对教材内容做加工和处理，规划教学活动。概括而言，备课是教学过程的精心预设，既包含教师对课程教学内容的理解水平，也包含教师的创造性劳动。

在日常的教学工作中，英语备课应注意以下问题：备课前要钻研教学大纲，通读、熟悉、钻研教材，找出教材的重点、难点和它们之间的内在联系；不要受课次顺序的限制，而要把一个单元作为一个整体来考虑；备课时应根据学习的一般规律和学习英语的特殊规律考虑教法；应考虑学生的思想实际和学习实际，在充分了解学生的基础上考虑教法。

1. 备课的基本原则

（1）更新观念。备课应体现创新的教学思想，融入新的理念，结合所授知识内容，把握高考改革方向，从提高学生学科素质入手，激发学生学习英语的兴趣，帮助他们获取英语学习的成就感，从而树立学习英语的自信心。

（2）把握教材。在了解全部高中英语教材的基本内容和结构的基础上，重点阅读当前学生所学教材，厘清教材的具体内容、教学要求和在整个高中英语教材中的地位和作用，以及知识前后衔接和能力培养的近期目标和终极目标。

（3）遵循规律。教学要遵循教学规律，按照教学规律办事。同时也要遵循《英语教学大纲》《英语课程标准》和《英语高考考试说明》这些纲领性文件，去探索属于我们自己的教学策略。教师运用这些理论来武装自己的头脑，并在教学实践中不断研究和探索，使之不断充实和发展。

（4）关注差异。根据具体学情采用不同的教学方法。最好的教学方法不一定是最好看、最热闹的，而应该是最适合学生实际情况、适合教学内容且效果较好的方法，能够做到因材施教。

2. 备课的主要内容

（1）备教材

第一，教科书的解读。科学地分析、研究、提炼教科书中要传授给学生的知识内容，整体把握教材的结构框架、知识内在联系，以及前后知识点的衔接。教师在备课过程中要进行合理的知识整合，做必要的删减、增补、变式、转换、链接等。教材是学生学习的一种重要的资源，也是师生沟通的中介。充分地利用教材，开展创造性的教学，是新课程的基本理念。

第二，教学大纲、课程标准及高考说明的解读。通过阅读、分析这些材料，教师能充分把握学生对所授课内容要达到的能力目标和德育目标，设计出为能达到这些目标所选择的凸显授课技能策略。

第三，教学资源的开发、整合与利用。教师在备课时一定要思考课内与课外的联系，学科内各章节之间的联系，所教学科与其他学科的联系，学生旧有知识经验与新知识的联系，教师要通过阅读相关书籍，请教有关学科教师，或通过上网查询有关知识来充实个人的知识储备，以应对学生可能提出的种种问题。因此，教师在解读教科书这一课程资源的同时，也应该收集、筛选、整理和课堂所传授知识相关联的其他课程资源，如必要的拓展和延伸知识所用的文字、插图、列表的材料，可以用实物展示，也可以编辑成课件材料进行放映。

（2）备学生。课堂教学要想收到师生双赢的效果，教师既要钻研教材，又要充分了解学生，做到掌握学情，分类推进，使学生在不同程度上科学发展。学生不仅应该成为课堂学习的主体，更应该是教师备课的出发点和归属点。我们上好课的前提条件是把学生的需要放在第一位来考虑，否则，无论多么丰富的教学都将失去它的真正意义。新课标下的教学目标已经变单一目标为多元目标，教学过程应该关注知识、能力、思维和情感、态度、价值观、内心体验、个人感悟等诸多方面。

好的教师和好的教学行为，无论课前、课中、课后都应该把重点放在对学生诸多因素的关注上。备课要了解学生自然是每位教师在每节课的备课环节上要考虑的重中之重的问题。教师在备课时先要了解自己的学生，备课时的切入点要面向中差学生，课堂教学注重抓基础教育。内容包括：备学生的学科认知特点和规律；备学生的知识基础；备学生的经验、思想和生活关注点；备学生的能力；备学生的情感因素；备学生的身心特征，等等。

第一，备学生的学科知识基础。每一学科都有每一学科内在的知识结构，前后知识点的内在联系非常紧密。普通中学学生的学科知识都是有欠缺的，所以每个环节都要有衔接，给学生梯子，让学生够得着。教师在教授新知识之前，把知识本身分析透彻是首要的条件，而对于教学对象的学生——教学主体，能够清楚地了解更为重要。教师备课期间，要充分考虑学生对本节课知识的已有基础是什么样，对于接受新知识中间还存在哪些衔接性知识需要填充或铺垫。在讲授新课前，特别要了解学生对原有知识的预习准备是否充分；新课讲授中可能出现的困难和障碍以及学生对新知识的兴趣是否浓厚等。

第二，备学生的文化知识背景。学科知识不是孤立存在于其他学科知识之外，知识间都是相互渗透、相互关联的，尤其是语言学科知识更是由其他学科知识作为载体呈现出来。语言是一切知识的外在表现形式，知识都是通过语言释义、表达、呈现、归纳、概括、总结出来的，离开语言也就无从谈起对知识的领会、理解、掌握、消化、吸收，反之，离开其他各方面知识语言的存在也是没有意义的。以上所叙述的辩证关系表明，要学好语言，先要有一定的社会文化常识、自然科学知识、社会科学知识等为背景。教师在备课的时候，要充分考虑学生的背景知识，可以做必要的扩充或增补，以便学生能更有效地接受和理解所学新知。

第三，备学生的学习方法。学生的知识结构、思维方式、行为习惯各不相同，决定了他们所采用的学习方式也各有差别。有的学生喜欢机械性背诵，有的学生喜欢理解记忆，有的学生喜欢用旧知识带新知识，有的学生喜欢边学边联想，有的学生喜欢集体合作等。

一般而言，针对普通高中的生源现状，采用教师引领，学生合作探究、自主学习的方式较为有效。

第四，备学生就是要关注学生的生活经验。高中学生对于知识的掌握和提高，应该建立在一定生活经验、生活阅历以及相应的知识基础上的。那么教师备课时，就要考虑怎样才能把学生已有知识进行有效地开发和利用，知识的传授尽量在已知基础上，加上个人的经验和阅历，方能收到更大效果。

第五，备班集体学生整体学习氛围。教师在备课过程中，要考虑班级特征、学生构成、智能结构、学习情况、兴趣爱好、对本学科的学习态度及代表性意见等。只有对班级了如指掌，才能统揽全局，科学实施。备学生的目的是做到根据学生的年龄特点、实际水平以及具体需要等，采用合理的教学方法，搜集相应的教学资源或创设恰当的教学情境进行教学。只有事先"备好了学生"，才能有的放矢地进行教学，高质量地完成教学任务。

（3）备教具。善于运用网络辅助备课，以开阔学生的视野；不但精心地备教法、学法，还善于自己动手制作精美实用的教学课件，使教学直观。特别应备齐学具，要根据学法确定学具的数量。

（4）备教学法

第一，备教法。备教法就是遵循课标、考纲，从学生实际出发，设计优化的课堂教学过程，以实现有效教学的目的，把教材的厚度（教材中隐性的内容）、精度（教材的重点、难点、关键点）、梯度（学生通过循序渐进才能掌握知识，提升能力）、广度（学生获得新的教材内容中有关的知识和观念）等内容备出来。教学方法是为达到教学目的、完成教学内容，采用教学手段而进行的、遵循一定的教学原则而采用的一套教学行为，也是师生相互作用的活动。教学有法，教无定法，因此，没有绝对意义上好的教学方法，教学方法好与坏是相对于具体的教学目标、学生、教师而言的，是与当前的教学情境相适应的。任何一种教学方法都有其自身的优点和特定的功能，也有其自身不尽如人意的地方。所以教师在备课时，尤其备英语阅读课的时候，既要考虑其使用性，更要考虑其灵活性，无论教学方法本身，还是组织形式或课堂管理因素的组成，都要让这一切成为一个连贯的整体，为有效达成教学目标服务。

第二，备学法。根据学生已有知识水平、年龄特征及教学要求等特点，导之以高效的学法。从课前预习、课堂阅读、听课笔记、知识记忆、分析运用，到课后训练、笔记整理、知识梳理拓展等方面都精心设计，以便给予学生有效的指导。

第三，备考法。教师认真研究大纲、课标、考纲等纲领性文件，针对教学内容的知识点、重难点和注意点，研究考练规律，精心创设课堂提问，设疑讨论、目标练习、课后作业、单元检测、模拟训练、各类题型解析等方式方法，引导学生动脑、强化学生记忆、深化知识迁移、培养学生能力。

（5）备自己。备课要备教材、备教法、备学生，教师们已经对此认同并接受实施，而"备己"，并不是所有教师都能经常思考的，或者说能足够关注的。"备己"是教师学习、反思、成长与发展的过程，教师一定要清醒认识、深刻理解，并主动地进行实践，提升自己并促进学生更快、更好发展。

第一，"备己"有利于教师积极适应新的课改精神，践行新的授课思路，更新课改理念。新课程标准要求广大教师把教学重心放在如何促进学生"学"上，让学生成为学习的主体，在课堂上教师要放手，把学生的主观能动性充分发挥出来，把学生的才能与个性真正融合并得以发挥。另外，新课程要求教师不能将教学游离于课程之外，而是要成为课程的研究者、建设者和开发者。所以，教师"备己"可以帮助教师真正地理解和把握新课改的理念及要求，以形成正确的教师观、学生观、课程观、师生观、教学质量观等来指导自己的教学实践。

第二，"备己"有利于教师自身业务水平的提高和发展。教师备课"备己"能够促进教师对自己在教育教学中的各种情况及最终效果进行认真的剖析与反思，结合教育教学实际，积极进行教学研究的过程。通过"备己"也可以使教师真实、全面地认识自己，了解自己的真实知识含量、业务水准、语言层次等各方面的素质。坚持"备己"，教师的文化素养和业务能力及语言表达等综合素质都能极大提高，实现促进教师专业化成长的目标。

第三，"备己"对学生也是潜移默化的影响和感染，有利于促进学生的成长与发展。教师在教学过程中发挥着主导作用，教师的人格、学识、言行等无时无刻不在影响着学生。备课"备己"正是使教师检视自己、完善自我、增强自信心以及自身魅力，所有这一切对学生而言毫无疑问是一种无声的语言育人方式，会让学生在不知不觉中产生震撼，它能使学生切切实实地感受到老师的乐观、积极、向上、关爱和期待，进而"亲其师信其道"，使学生得以更加健康地成长，有利于学生的发展。

在日常的教学中我们的教师或多或少也都在"备己"。如：上课前，老师会写课前思考，从自己的已有知识和教材要求应该掌握的知识和技能的对接情况，考虑自己的教学切入点。教学设计时，教师时常会想如何运用新理念指导自己的教学实践，如何扎扎实实地提高课堂效率等；教学后，针对自己的教学进行课后反思等。

（6）备板书。教师的板书是知识主体及教学思路的外在呈现形式，既能体现教师的学科知识素养，更能体现出教师教学的综合素质，因为板书的规范性、逻辑关系的严谨性、语言呈现的精练性、知识呈现的科学性与巧妙性均能清晰地展示出来，所以，教师在备课的时候，不能忽视备板书。对于一个普通高中的生源情况而言，上好一节英语阅读课，如果忽视板书的作用，是不明智的做法、如果利用好板书，会对教学起到事半功倍的作用。

（7）备辅导。辅导形式宏观上分为课内辅导和课外辅导。课内辅导是指在课堂上，贯穿整个授课过程所进行的教师指导下，学生自主学习、领会、吸收、巩固新知识，延伸和拓展已有知识的途径和办法。简单而言，就是对学生自主学习的指导。课内辅导的策略直接影响教师的教学效果和学生的学习效果。

（8）备作业。学生的作业是对课堂所学知识的进一步理解消化和巩固提高的过程，是对课堂教学效果的检验。教师备课时对所设计作业的内容、形式、数量都要做详细的考虑，认真对待，因为完成作业的过程也是检验教师教学效果和学生学习效果的最有效途径。如果作业布置得科学，学生既节省时间，又少花费精力，还能收到良好的效果，否则，不但要花掉大量时间，又要耗费大量的精力，结果事倍功半。所以教师在备作业的时候要精心设计，科学安排。

（9）备反思。传统的备课，只注重教学目的与要求、教学重难点、教学准备、教学过程等方面，往往忽视了一个重要的环节，就是备后记。课后记是对自己备课后在教学实施过程中教学效果的一个反馈，为以后的教学起到查漏补缺的作用。成功的教学体现出教师自己创造性的教学思维，从不同的角度和深度所把握的教学内容，教师将教学过程中自己感受深刻的、达到预期效果和引起教学共鸣等的做法一一记录下来，教学后记的过程也就完成了。

3. 备课的不同类型

（1）个人备课和集体备课

第一，个人备课。教师的个人备课就是教师个人通过对要讲授的知识内容进行分析、归纳、整理、挖掘、提升、再加工后，通过某种途径和办法传授给学生的提前准备过程，是集体备课的基础。个人备课的基础是钻研学科教学计划、教学大纲和教材；个人备课的关键是在知识的基础上，实现德育和美育目标；个人备课的重要环节是了解学生的学习态度、兴趣、方法和意志，激发学生的求知欲；个人备课的基本流程要全面考虑有目的地设计教学程序。对讲授的内容、基本训练、教学方法、教具使用、复习提问的内容、板书设计、作业选择等，怎么设计、怎样安排都要周密计划好，使教学成为有目的的系统活动。备课过程，除了研究知识目标，更应该关注如何通过教学过程，完成对学生情感态度价值观的提升。

第二，集体备课。集体备课是把教同一门课程的教师组织在一起，对所授课内容集体分析、归纳、整理、挖掘，共同研究、探讨，进行有效教学的课前准备过程，是在教师个人钻研的基础上集体进行的教学研究活动，是一种集集体智慧共同讨论研究教学中的普遍性问题的方式。集体备课采取的形式主要是通过参加学年组的集体备课会议进行。

集体备课的保障措施：①确定三项内容：时间、内容、发言人。②确定统一标准：进度统一、内容统一、目标统一、重点难点统一。③氛围要和谐：参与备课者要各抒己见，认真讨论。④过程要明确：一要剖析好教材及相关材料，厘清教材的思想性、科学性、系统性、新旧知识的联结点及新知识的生长点，吃透教材内涵知识的联系与区别；二要确定所传授知识目标及内容，明确培养哪些能力，把握知识的范围和深度；三要对备课内容进行详细记录。

（2）静态备课与动态备课

第一，静态备课。静态备课是指认真研究学科教材和教学大纲以及考试说明等材料，厘清整体教学任务。在整体把握教材的基础上，明确每节课的教学内容，即知识目标，同时，确定重点和难点。在备课的过程中对知识点和技能点等仔细剖析，反复斟酌，理清思路，摸索办法。

静态备课最主要的是要把握好教材的知识目标。要把教材中所要求掌握的知识整理清晰，理清脉络，区分类别；同时，根据需要做适当的知识扩充和延展。如我们讲定语从句，就要把定语从句的相关知识整理好：定语从句的定义；定语从句的引导词的基本确定思路；特殊情况下定语从句引导词的运用；定语从句引导词和名词性从句引导词的区别等。

第二，动态备课。动态备课是指在明确知识目标的基础上，研究有效的教学方法和学习方法，充分了解学生的学习兴趣、学习习惯、学习态度和个性特点。把握好学生接受新知识的动态过程，避免盲目性和随意性。

动态备课最主要的是把握好教与学的动态要素。每一节课都应该有自己特有的任务和要实现的目标，教师必须对自己的教学目标有清晰的认识，对"教什么"和"怎样教"进行规划。

动态备课的另一个角度是过去主要备知识，因为过去的教学是以传授知识技能为主，教师是带着知识带动学生，所以备课主要是备静态的知识。而新课改下的教学是以促进学生的终身发展为目标，教师是陪着学生走向知识，备课主要是备动态的学生。此外，新课改中备课本身就是一种研究活动，因为每一个新课程教学方案的设计就是对旧教学方案的创新和改革。研究型备课有四性：开放性、互动性、反思性、创造性。开放性指备课内容；互动性指备课方法；反思性指备课过程；创造性指教学设计。过去静态的文字教案不断地向文字与思维相结合的动态的教案转变。

4．备课的流程安排

备课既是对新知识进行梳理、加工、补充的过程，也是对知识传授的各个环节进行研究、分析、合理安排的过程，更是对教学过程和教学效果进行预设的过程。所以，备课的每一个环节都要精心设计、巧妙安排。

（1）备导语。导语是一节课的引子，既是新知识的引入阶段，也是课堂氛围和学习气氛的引入阶段，导语运用得好坏，对一节课起着至关重要的作用，因此，备课的时候备好导语尤为重要。好的导语要目的性和计划性强，激励性和趣味性高，简练性明显，新奇性、灵活度大等特点。

目的性强表现为重点、难点突出，段落清楚，层层紧扣，上下衔接，任务明确，克服随意性和盲目性。在符合总的教学目标的前提下，体现教学意图，注意教材的特点和学生的实际。教师在备课时，对课堂导语要精心策划，表现在课堂导语言语的先后、讲述的缓急、语气的轻重、形态语言的配合、板书的布局等，都要做到充分、周密。

好的课堂导语就是要如投石击水，激起学生思维的涟漪，要具有极强的激励性，导入时的举手投足、一词一句都应具有激励性，能激活学生的思维，引发他们强烈的参与意识，调动学生的兴趣，引导学生在愉悦中进入学习。

课堂导语应具有一定的灵活性，在课堂教学这一双边活动中，常有一些突发事件发生，会让原先设计好的导语无法顺利实现，这时，教师就必须采取相应的应变措施，临时变通。

总而言之，教师在备课过程中，设计出导语，做到以"情""奇""疑""趣"入境，从上课一开始就吸引住学生，从而达到思维定向、内容定旨、情感定调的作用，使学生耳目一新，兴趣盎然，有备而战。师生能配合默契，为实现理想的教学效果做好铺垫。

（2）备新授课内容。如何上好一节英语课，对于每一位高中英语教师而言，并不难，难的是如何上好每一节英语课，使学生在课堂上最大限度地掌握知识，提高成绩。要做到这一点确实需要我们精心设计，不仅在内容上要仔细斟酌，在激发学生的学习兴趣、学习激情等方面也要认真研究。

第一，备课前要研读课标，比较教材，掌握教材的整体结构，深入了解学生的现状与需求，广泛收集相关资料，合理取舍讲课的内容，只能讲课标上有的学生可能懂的内容，绝不讲课标没有的学生无法理解的内容。选择确定符合课标，适合学生实际的教学内容和教学方法，纵横渗透，综合整合。

第二，备课要备好五个点，即起点、重点、难点、交点、疑点。所谓起点，就是新知识在原有知识基础上的生长点。备课时起点的设计要适合学生的实际，学生才能学，才肯学。起点过低，学生没兴趣，不愿学；起点过高，学生又听不懂，不能学。重点往往是新知识的起点和主体部分。备课时要突出重点。一节课内，先要在时间上保证重点内容重点讲，要紧紧围绕重点，以重点为中心，加之以知识讲练，加强学生对重点内容的理解，做到心中有重点，讲中出重点，学中会重点。难点即是新知识中大多数学生不易理解和掌握的知识点。难点和重点有时是一致的。备课时要根据教材内容的广度、深度和学生的基础来确定，一定要注重分析，认真研究，抓住关键，突破难点。

（3）德育目标。英语教材的每个模块都围绕一个话题展开，每个话题都在学习知识的基础上，升华某种情感或某种精神。教师在备课时就应该在理清语言知识、传授语言技能的同时，更加关注情感态度价值观的取向问题。具体做法如下：

第一，钻研教材，挖掘德育因素，提炼思想精髓。新课标下英语教材的课文内容渗透着丰富的思想教育内容，这些丰富的思想内容能否充分利用，主要靠教师深入钻研教材，认真挖掘教材潜在的德育因素，通过融合、渗透的方法，有目的、有计划、自觉地寓德育于英语语言教学之中，实现语言教学与思想教育相一致的教学目标。

第二，力求为创造和谐的德育环境做出准备。英语课堂的德育渗透，先要为学生创设一个和谐的德育环境，使课堂生活充满爱、尊重与信任，处处呈现出诚实、宽容、自律、助人、同情心、合作、勇气等价值追求。教师应该把静态的书本知识转变为学生能自行解决多变的实际生活中道德问题的能力。

第三，力求为教学过程的德育渗透精心准备，这种渗透要适宜、适时、适度。在英语教材中，有一些我们进行德育的好素材。可以通过这些教材，找准切入点，联系现实生活中的人和事，潜移默化地对学生进行良好品行的养成教育。

渗透德育需要日积月累、潜移默化的影响和感染，水到渠成才能起到积极的促进作用。任何形式的勉强，都有可能产生消极效应，使学生反感。因此，教师要做"有心人"，关注学生发展过程中的每个细节，找准机会，适时教育，让学生自然而然地产生情感体验，从而内化为自己的道德意识。

（4）课堂巩固练习。课堂巩固练习是对课堂教学效果的进一步巩固和加强的有效手段与途径。学生掌握新知识后，教师设计具有针对性的巩固练习和知识检测内容，对于提高学生对知识的运用能力有积极的促进作用。所以，在备课的时候，科学、合理地设计好巩固练习是必要的，它是授课环节中重要的组成部分。

（5）作业的布置。作业是学生在一节课的学习之后，对课堂所学知识的进一步巩固提高的过程，因此，具有针对性的课外作业，是学生升华知识、提高能力的有效手段和办法。教师在备课的时候，不能忽视这一环节，要精心设计。

5. 备课的常用方法

（1）分层教学法。分层教学法是从科学学科教学法中迁移过来的，是在学生的智力、体力、文化基础、学习动机、情感、毅力、学习环境及条件都不一样的情况下（同一个班级、同一个教师的指导下，每个人的收获也是不一样的），教师有针对性地实施分层教学，从而达到不同层次教学目标的一种教学方法。分层备课是实施分层教学的前提。教师要在清晰理解大纲和教材的基础上，确定不同层次的教学目标。教师在备课的时候，把握好哪些知识是基础知识，是 A 组学生应该掌握的，哪些属较高要求的知识，是 B、C 组学生应该掌握的，然后，设计教学的全过程。其中，要特别关注学习困难学生的问题和有特长学生潜能的发展。

备课的时候不但要把授课过程分层，还要把辅导和作业也分层，根据学生的实际情况，规定不同层次的要求，给予不同层次的辅导，按不同层次进行作业设计，以实现课堂中教学、学习、发展同步和协调进行为宗旨，力求使各层次的学生都能得到最佳发展，从而全面提高学生的综合素质。

（2）张思中外语教学法。特级教师张思中老师，根据"心理优势理论"，创造了"适当集中、反复循环、阅读原著、因材施教"的十六字外语教学法，即"张思中外语教学法"。这种教学法用一段话来表示就是在一定条件下，集中时间，运用相对集中的材料，对学生进行有一定难度的听、读、说、写技能训练，科学地反复、循环强化，以较少的时间获取较大的效益，使各层次的学生各有所得，对所要达到的目标都能产生成功的渴望，获得成功的体验，增强成功的把握，建立心理上的优势。十六字外语教学法中，"适当集中"是关键，"反复循环"是保证，"阅读原著"是目的，"因材施教"是核心。因此，在备课的时候，就需要收集和整理大量的素材，准备大量的资料并进行详细的分类别、分层次。

具体操作过程如下：

第一，适当集中。①单词集中。将本模块单词和本模块话题相关的单词集中在一起，确定不同的分类原则，如按词性分类、按事物类别分类、按事件发生过程的先后顺序分类、按词根变化规则分类等，确定分类原则，然后集中识记。②短语集中。归纳本模块短语，用联想记忆法，将新短语以及和新短语相关联的短语进行相应的延伸和拓展。③语法集中。某一模块讲完之后，将其中出现的语法现象进行归纳、总结，找出规律，集中练习。

第二，反复循环。学过的知识要反复重现、再认，要及时同遗忘做斗争，强化记忆，循环操练，不断强化。

第三，阅读原著。阅读原著就是尽量多读外文的文字材料、文章和教材等，不断丰富和扩大自己的知识面。

第四，因材施教。学生的知识基础、学习能力、个性特征、心理品质各不相同，在备课的时候就要从学生的实际出发进行准备。

6. 备课的呈现形式

备课呈现的形式主要包括：文字叙述式、表格式、图文相间式、音频播放式。形式应当为内容服务，形式只是一种手段或是途径，而不是最终的结果。教学是一种非常复杂的活动过程，没有哪一种备课形式能适合所有的课堂教学，备课的关键是思想和方法，而恰当的备课形式对教学是有着积极的影响的。英语备课呈现形式多种多样，这里针对普通高中学生的英语基础列举一些形式，仅供参考和借鉴。

（1）文字叙述式。文字叙述式一般由教学内容、教学目标、教学重点、教学难点、教学准备、教学过程、板书设计、课后反思等构成。其中教学过程是核心，最常见的模式：复习—新授—巩固，这种模式的授课过程和备课过程都比较简洁、方便，对于基础不好的学生，这种方式备出的课程学生容易接受，但主要强调教师的作用，不是很有利于学生的主体性作用的发挥，缺乏对知识技能以外的目标的关注。

（2）表格式。表格备课的方式，其特点是简洁清晰、层次分明。表格备课的具体样式是多种多样的。

（3）图文相间式。普通高中英语教师经常运用语言叙述式进行备课，同时，为了把有些问题更清晰化，文字表述所设计的教学流程中，还要加些必要的对比图示、图表等，以使备课内容更加丰富、具体，凸显重点和难点问题。

（4）音频播放式。在有些课程的备课中要准备音频或视频材料，如阅读课、听力课、研究性学习课程等。在授课或展示教学成果的时候都要应用到音频或视频内容，所以教师在备课的时候就要采集、整理相关的素材，进行必要的剪辑、录制等，选取有用的部分，为能有良好的教学效果起到积极的促进作用。

（二）高中英语教学设计要素之授课

授课每个环节有每个环节的技巧和策略，作为一名普通高中的英语教师，如果把每一节课授课过程中的每个环节都研究到位，真正做到思路清晰，重点明确，方法科学，势必会产生显著的教学效果。

按照英语课堂教学的特点和学生学习的特点，我们把英语课堂教学按照七个环节来设计，即热身、复习、呈现、操练、巩固、结尾、作业。

1. 热身环节

课前几分钟，教师在较短的时间里调动起学生的积极性，吸引其注意力，使其思维进入兴奋的状态，迅速投入到学习上来，是一节课教学效果成功与否的关键。因此，课前的热身（warm up）是课堂教学的重要前奏。教师应该选择丰富多彩的形式调动学生学习的积极性、主动性，使学生心情愉悦，轻松自然地进入学习状态。这样，不仅能够调节课堂气氛，为传授新知识做好铺垫，而且，通过坚持经常的课前各种技能训练，还能培养学生的各种能力，极大地增强他们的自信，提高学生各方面的素质。

根据授课类型、授课内容、学情、师情等各不相同，英语课堂上所采用的热身形式也不尽相同。作为一个普通高中教师，经常采用的方式有以下方面：

（1）课前三分钟自编对话。学生自由选择搭档，自由选择话题，最好和新授课有某些角度的联系，进行课前对话表演练习，每组时间限定在半分钟左右，每天外语课前至少四组或五组。每天坚持课前练习，学生不仅能够巩固语言知识，而且还能培养说话能力。

（2）课前三分钟单词速记抢答。每学完一个模块，在第二天的课前，教师都利用课前三分钟进行熟记单词抢答训练，学生利用头一天课上学习单词时间速记单词，课后利用课间或自己的其余空当时间，反复熟记单词。在第二天的课前，教师采用两个不按顺序法，让学生迅速反应所记忆单词。所谓两个不按顺序：一是不按单词排列顺序；二是不按学生座位顺序，也就是完全打破原有定式排序。如此训练方式，学生只有在单词记得特别熟的情况下，才能应付自如。这样的方式，不但会让学生的注意力高度集中，而且，能充分调动学生学习的积极性，使其能以积极的心态和热情投入新知识的学习中。

（3）课前值日生报告（duty report）。每节课前都有一名值日生用英语作"duty report"。学生在自己所掌握的词汇范围内，选择自己感兴趣的话题向全班同学及教师报告。所报告的内容涉及诸多方面，包括"My favorite season" "My hobbies" "My school" 等。它既可以营造浓厚的英语学习氛围，激发学生的学习热情，起到课前"热身"的作用，又能提高学生的语言表达能力，有效地培养他们的创新意识。

2. 复习环节

课前复习是所有课堂教学中不可忽视的重要环节，英语课堂教学尤其如此。复习是通过再现原有知识，使其得到巩固和提高，并在此基础上，有效过渡，引出新知的过程。课前复习应避免的问题主要包括：①简单一对一提问；②所有学生千篇一律，忽视学生的个性差异；③只注重口头回答问题，忽视听和写的训练；④对语言的交际功能关注不够；⑤过分关注知识本身，忽视思维培养；⑥忽视能力培养和德育渗透。

课前复习的策略主要有以下方面：

（1）设计形式多样的复习方法，激发学生的学习兴趣，如实践法、故事表演法、对比法、引导发现法、竞赛法、过程叙述法、归纳总结法、知识迁移法等。

（2）学生个性差异，设计有效分层复习。关注每一位学生的发展是新课程的核心理念，在课堂教学特别是课前复习时，要根据学生的个体差异，针对不同层次的学生采取不同的复习方式，提出不同的要求，实施不同的复习内容，使得课前复习更富有针对性和实效性。

（3）巩固语言基础知识，培养学生的思维能力。学生的思维培养贯穿教学过程的各个环节，课前复习也不例外。良好的思维习惯是学生高效学习的重要因素，也是教师高效教学的重要前提。因此，在课前复习的过程中，让学生在巩固基础知识的同时更注重对其思维的培养和训练。

第一，缜密性。外语教学的每个环节都要求思维的严谨。分析句子时要能够把句子本身已给条件和备选条件在短时间内建立起相应的联系，联系的瞬间要求对于每一个关键词或关键短语都要综合考虑，漏掉一个条件或关键词都会导致思维偏差，影响对内容的理解和对所选项目的错误判断，以致误选答案。

第二，敏锐性。在外语课堂的每个环节上，学生都要保持思维的快速敏捷，应该能在最短的时间内提取出解题最关键的信息，并能迅速将相关信息建立起有效联系。

第三，广阔性。思维的广阔性是指在处理问题的过程中，能够随时抓住问题的广阔范围，进行创造性的思考，但又不忽略与问题有关的一切重要细节。思维的广阔性与人已有的知识经验的丰富与否密切相关。如在训练阅读理解题的时候，学生思维的广泛性是最为重要的因素，如果学生对文章素材本身的文化背景知识一无所知，思维空间中没有任何相关知识储备，那么对很多问题的理解就拓展不开，难以进行逻辑推理和有效整合。所以，在课前复习过程中，要经常设计一些文化背景知识填充的内容，帮助学生丰富知识，拓展思维。如经常搜集一些短小的文章，内容涉及社会生活的各个方面——人物传记、时政、经济、文化、风俗、艺术、体育等各方面的知识。

第四，深刻性。思维的深刻性就是指善于钻研问题，善于揭示事物现象的本质及现象间的内在联系，善于从简单的、普遍的、人们所熟知的现象中看出一切有关自然和社会生活的重要规律来，便是思维的深刻性的表现。例如在课前复习中，结合所授新课内容设计一些小文章，让学生在表层理解的基础上，挖掘其思想内涵，提升其精神高度。

第五，灵活性。思维的灵活性是指根据事物的变化，运用已有的经验，灵活地进行思维，及时地改变原来拟订的方案，而不局限于过时或不妥的假设之中，真正做到"因地制宜""量体裁衣"来体现思维的灵活性。在讲解完有关知识点后，在第二天新授课前，利用三五分钟训练一个或两个比较有灵活性的习题，实现培养学生思维灵活性的目的。

第六，逻辑性。思维的逻辑性是指善于在思考问题时遵循逻辑规律。具体表现为：提出和回答问题时明确而不含糊。推理时合乎逻辑规律，遵循一定的逻辑顺序，有充分的说服力，结论准确、鲜明。

第七，发散性。发散思维是一种重要的创造性思维，具有流畅性、变通性和独创性等特点，这种思维方式往往充分发挥人的想象力，突破原有的知识圈，并通过知识、观念的重新组合，寻找更新更多的设想、答案或方法。发散思维是不依常规，寻求变异，对给出的材料、信息从不同角度，向不同方向，用不同方法分析和解决问题。一题多解的训练是培养学生发散思维的一个好方法。它可以通过纵横发散，使知识串联、综合沟通，达到举一反三的效果。

（4）关注语言交际功能，提高语言交际能力。学生的英语口语表达能力是综合语言运用能力的重要体现。为了促进学生口语表达能力的提高，真正落实英语教学的交际功能，采用英语课前复习时的一分钟对话（或情景对话），其目的就是尽量让学生开口讲英语。但在实际操作过程中，英语语言的交际功能往往被忽略了，出现一些学生片面追求自我展示或过分追求所用词汇的数量，语速太快，没等同学把问题问完或把问题听明白，就忙于按自己的思路表达，忽略了语音、语调、意群和轻重读，结果不能够真正达到语言的交际功能；如果一直用一些简单的句子，也是无法达到训练的目的；还有一些学生所述内容与本单元、本节课无关，起不了复习作用；等等。

（5）加强听、写训练，重视综合语言运用能力。训练听力有利于全面提高学生的英语交流能力。而单单靠某一段时间进行专项听力训练，忽略平时量的积累是不够的。如果能把课前复习时间利用起来进行听力技能训练不失为一种好的途径和办法。课前复习的时间虽然很短，但经常坚持一定会收到意想不到的效果。教师可以把课前收集到的，能引起学生兴趣的经典短文展示给学生，然后让学生用自己的话复述，或采用学生把自己事先准备好的内容口述给全班学生，并展开必要的讨论等办法训练学生的听力。

训练学生写作技巧的办法林林总总，其中利用课前几分钟进行长期训练应该是不可忽视的一个环节。具体训练的内容也很多，这里就举一例：可以利用课前几分钟时间，将教师收集到的学生在写作方面出现的普遍性、典型性错误，用改错题的形式呈现在小黑板上或实物展台上，让学生进行改正并分析错误原因，其效果比一般的单纯语法训练要好得多。另外，利用课文进行改写、缩写和仿写的训练策略也是课前复习的有效方法。它们是活学活用的笔头练习，既能巩固所学的知识，又能培养利用所学知识进行实际运用的能力。

总而言之，英语课前复习方法很多，英语教师应认真学习新课程标准的理念，根据学生的特点及发展水平，结合自身的教学特色，采取形式多样的课前复习方式，高效率、高水平地完成复习任务。

3. 呈现环节

英语课堂的知识呈现策略根据不同的知识内容各不相同，例如，单词就采用直接呈现或词缀、词性迁移呈现；短语可以采用同义、近义、词根等归纳呈现；语法可以采用基础知识铺垫、系统知识梳理等办法呈现，也可以采用相邻知识间迁移呈现。如教师在讲定语从句前要先给学生铺垫好什么是定语，同时帮学生理解句子的各部分成分及划分思路，只有把定语从句相关基础知识理解清楚，才能为更好地学习定语从句打下基础。

4. 操练环节

训练巩固活动是英语教学中关键的一个环节，在整个英语教学过程中起着重要的作用。快速有效的训练巩固设计，能够帮助学生建构知识框架，熟练掌握巩固运用所学知识，提高能力。当前英语教学亟待解决的问题就是如何设计好有效的训练巩固活动。

课堂操练应该具备的特性：①目的性、针对性；②实效性；③反馈矫正性；④激发兴趣性；⑤评价激励性。

5. 巩固环节

在课堂训练的基础上，教师给学生布置相应内容，让学生根据已学知识，灵活运用，以检测课堂学习效果，作为对课堂知识的补充和巩固。课堂这一环节中最重要的策略就是要有针对性和实效性。

6. 结尾环节

课堂结尾是英语课堂教学的最后一个环节，它是英语课堂教学的基本环节之一。每节课的结尾部分在整个教学过程中起着画龙点睛的作用，也是体现英语课堂教学效果不可或缺的一个环节。教师在授课后，对本节课的知识内容进行必要的归纳、总结、提炼、升华，使学生在本节课学习的基础上，知识更系统、条理更清晰、思路更明确。常用的英语课堂结尾策略有以下方面：

（1）归纳总结式。在课堂结束时，教师指导学生对整个一节课的教学内容用精练的语言进行总结归纳，指出本节课的重点、难点、易错点和易考点。引导学生对所学知识加以梳理，在头脑中形成系统和网络，促使学生加深对所学知识的理解和记忆，培养其综合概括能力。教师应尽量让学生自己归纳小结，教师只是适当地引导补充，这样能充分发挥学生的主体性和积极的参与意识。

（2）集体讨论式。利用讨论法结束英语课堂教学，不失为一种行之有效的好方法。教师根据课堂所教知识内容，多角度多层次设置一些问题，让学生运用英语进行讨论，有意识地培养学生的发散思维能力。

（3）娱乐愉悦式。在有些英语课堂的结尾可以根据所教授新知识的内容巧妙地设计带有能唤起学生情趣的结尾，让学生在娱乐愉悦中掌握所学内容，以达到寓教于乐的目的。具体说就是把课堂所学的重点内容加以整理，编成诸如歌谣、歌曲等。例如，在讲多个形容词修饰一个中心名词时，学生用一句话就轻松掌握了形容词的先后排序知识，而且，很容易理解和运用。

（4）渗透德育式。一堂课结束后，要引导学生在现有基础上有所提高，有所进步，不仅在知识方面，也包括情感上和境界上的提高。通过潜移默化的熏陶和感染，使学生树立良好的道德观和人生观。这是英语教学的一个重要方面，也是素质教育的体现。

（5）巧设练习式。新知识教授完后，学生对新知识的掌握情况，教师要通过检验才能确认。英语课堂教学结尾有法，但是无定法。教师一定要因人而异，因文而异，根据每堂课的教学内容、目标和重难点灵活地进行选择，充分发挥自己的特长，使每堂课的教学都能得到升华。努力做到每堂课都能使学生带着对英语学习的乐趣和对知识的渴望而结束，这样的课堂一定会收到事半功倍的效果。

7. 作业环节

作业部分是一节课的最后一个环节，是课堂教学的延续，学生课外作业的质量直接决定学生课内知识的巩固和提高。所以，教师对作业的设计要尽量科学、有效。

（三）高中英语教学设计要素之辅导

1. 辅导的重要性

学生的情况各不相同，体现在知识基础、思维能力、学习习惯、性格特征等方面都有差异，仅仅依靠课堂教师授课过程是不能让所有学生都达到理想学习效果的。为此，辅导就显得尤为重要。

2. 辅导的主要策略

（1）课内辅导的策略

第一，选择适合的方式。自主学习的课堂，高中英语教师的任务就是根据教材和学生实际选择合适的教学方法，引发学生自主学习的兴趣。学科不同，知识分类不同，选择的辅导方式也不尽相同。科学的辅导方式会促进学生的学习，反之，难以收到理想的效果。

另外，示范的具体操作过程是先将一个汉语句子展示出来，指导学生尝试分析句子结构及其各个成分。然后，让学生收集一些句子，同学之间共同为这些句子划分成分，直到都能很准确而熟练地对句子成分掌握得游刃有余为止。然后指导学生自己把母语的这种知识进行有效迁移。此时学生才豁然开朗，因为定语从句的难点就在引导词的运用上，引导词的确定是由它在从句中所做的句子成分决定的，在这个基础上，再把英语的知识运用其中，就会得心应手。最后再进行查缺补漏，整个过程教师就是把备课中所准备的材料，结合课堂的一个个环节，随着授课的一步步进行，指导和引领学生来思考、分析、领会、理解、消化、吸收。

第二，激发学生的热情。自主学习的课堂应该使学生心灵放松，教师要为学生创造一个心灵放松的空间，让学生知识的获得、能力的发展、情感的升华、个性的张扬尽可能地融入精神活动之中。

第三，创设宽松的环境。课上辅导要最大可能地创设让学生参与到自主学习中来的氛围与情境，激发学生对学习内容的好奇心，使他们积极地参与到学习过程中，并且任务完成后能得到及时的反馈，能看到成功的机会，体会到这样做的意义。学生只有在情绪自然心境放松的情况下，才能进行有效学习。

第四，调控高效的课堂。课堂内辅导学生进行自主学习，教师的有效调控是很重要的。自主学习中学生是学习的主体。课堂上学生能够自动、自控地学习的时间是规定的，老师要把握"自主"与"自流"、"开放"与"放任"的界限，有效进行调控。教师应该指导学生明确学习目标，在目的实现的过程中，按照一定的规律有序进行，还要注意灵活运用，需要教师45分钟全程调控，充分发挥教师的主导作用。

（2）课外辅导的策略

针对不同的授课内容，结合学生的英语学习实际，在备课的时候，选择有效的辅导策略，才能收到良好的课堂教学辅助和完善的效果。

第一，从学生实际出发，做到有的放矢。普通高中学生的知识基础参差不齐，针对这种现状，把课外辅导分为以下层次：

一是部分生源的家境不是很好，孩子从小接受的英语知识较少。因此，不但在授课过程中要考虑，在课外辅导中更是要特别注意的，要选择这样学习基础的孩子能接受的语言和方式，甚至连辅导的内容都要用心琢磨，反复推敲，怎么样既能联系目前刚讲授的新知识，又要和他们已有的基础有效衔接。

二是学习基础相对好点的学生，对他们进行课外辅导时，主要是从拓展知识，延伸课堂内容出发，备课的时候，为这些孩子准备的课外辅导材料，要考虑他们是否能实现知识的延展、能力的提高。

三是在平时的英语教学过程中，对于学习方法的问题，除了在课堂授课过程中不断渗透，在课外辅导的时候也尤为重视，阶段性就某个知识专题的学法有针对性地归纳、提炼，如单词归纳记忆法、从句对比区分法、特殊知识口诀记忆法等。

四是课外活动及社会实践等的辅导，备课的时候，主要从学生已有知识结构和学生的个性特点考虑，如学生的兴趣、爱好、特长诸多方面。

第二，从良好环境出发，创造有利条件。高中英语教师在备课的时候还要考虑结合课堂所授知识，学生在课外学习的时候需要收集或查找哪些相关资料，或者还需要和哪些部门接触，和哪些人交流才能实现学习目标，为学生自主学习当好参谋，做到科学指导。必要时，教师要及时取得家长、社区及相关部门的支持，开放图书馆、博物馆、科技馆等。课外自主学习的辅导，要求教师对学习的方法有具体的指导，要做到目标明确，过程设计合理。否则，学生就会无的放矢，盲从无效。如学生到电影院看英文电影，到图书馆查看有关英文资料或到英语角交流等都需要教师做必要的指导。

第三，从生活实际出发，联系社会现实。辅导学生进行课外自主学习，要与生活实际紧密联系起来，让生活体验也能成为课程的一个组成部分。

第四，从开阔视野出发，拓展课外知识。辅导学生课外学习，以教材内容为主，相对向外扩散，拓展教材的空间，鼓励学生进图书馆、上网查找资料，教师在备课过程中，也要考虑并设计好指导学生在课下通过自主过程应该扩充的相关知识和应该培养的能力。

（四）高中英语教学设计要素之评价

新课程下的课堂教学评价不仅要有利于促进教师教学行为的分析与反思，还要有利于关注学生学习过程中的情感体验，高中英语课堂的教学评价也不例外。理想的课堂教学评价应该实现既有总结性评价，又有过程性评价；既有主体评价，又有客体评价；既有定量评价，又有定性评价等完善的评价体系。

1. 激励性评价

英语课堂教学中，师生处于平等地位，学生是课堂学习的主体，教师是课堂活动的主导——是学生学习的引领者。教学过程中，教师的课程内容设置、教学语言使用、教学方法的选择等各个方面都要从帮助和激励学生的角度出发，充分调动学生学习的积极性和主动性，运用探究式和启发式教学方式，激励学生积极参与课堂教学各个环节的活动，并能将所学语言知识运用于各个交际语境。例如，教学有关自然灾害的英语课程时，激励性课堂教学环节设置，具体如下：

第一步，课前三分钟，学生充分讨论世界各地的自然灾害，以及自然灾害带给人类的损失。通过师生互评，锻炼学生的语言运用能力、提高学生的思维能力以及信息提取能力。学生新知的获得是在已有知识的基础上构建的，教学效果的优化来源于主体思维的最佳状态。

第二步，在学生热烈的讨论中，教师适时引领，创设语境（如把事先收集好的有关世界自然灾害的信息资料及相关的文本资源展示出来），让学生自然而然地进入对新课程内容的文本解读和探究。学生能在教师不断的激励下获取知识，提升情感，培养能力。

第三步，在教师的进一步引领下，学生分组讨论以下问题：①造成自然灾害的原因有哪些？②作为一名中学生，能为保护环境做哪些有益的事情？学生在讨论、交流中，锻炼了运用语言进行交际的能力，使自己的情感得到升华。

2. 赞赏性评价

教师在课堂授课过程中，对学生表现出来的点滴进步和成绩都要给予及时的认可和赞扬，并且帮助他们找到自己身上的闪光点和自己的长处，这样做不仅能培养学生的兴趣，还可以培养他们的自信心和坚强的意志品质。教师对学生的赞赏能充分调动学生学习的积极性和主动性。教师要努力把课堂中对学生的学习评价过程梳理成教师不断寻找每个学生身上闪光点的过程，即赞赏每个学生的个性，赞赏每个学生的点滴进步，使学生在教师的赞赏性评价中获得信心。教师对学生的赞赏应该是丰富的，既有口头，也有书面。另外，教师还可以在学生的作业中或学生的试卷上写上一些激励的话语，这对学生都是无声的语言，都会产生强大的驱动力，激发起学生学习的热情。

教师对学生的评价应该以人为本，尊重和体现个体差异。要充分理解并促进学生全面发展，既不是下个精确的结论，也不是给学生一个等级分数并与他人比较，而是更多地体现对学生的关心和关注。

3. 幽默性语言评价

幽默作为一种课堂语言艺术，不仅能使人产生愉快感，而且能给人以智慧的启迪，学生在产生意犹未尽感觉的同时，对教师讲解的知识产生强烈的欲望。因此，幽默的语言是语言评价的重要策略。对于学生在课堂上出现的与课堂教学不合时宜的行为，教师不一定非要义正词严地批评教育，可以采用一些含蓄的、委婉的手法进行评价，使学生在笑声中受到教育。这样教师不但没有耽误上课时间，反而更引发了学生的尊重，学生由此产生愉快的心理暗示以及对学习的热爱。

4. 循序渐进性评价

教学过程本身就是一个动态生成的过程，在这一过程中，意外的情况经常会发生，英语课堂教学尤其如此。学生口语表达水平、学生语言丰富情况、学生语言背景知识储备、学生听说读写能力等都会在课堂教学中不断地反映出来，教师如果能在课堂教学生成的过程中，时时关注，巧妙捕捉，及时评价，教师和学生都将会有意想不到的收获。英语课堂教学中，教师对学生的评价，要以激励性评价为主，要善于发现学生身上的闪光点，并及时肯定和表扬，让学生感觉到这种评价是实事求是的，是教师发自内心的。师生间在评价中交流，在交流中学习，在学习中提高，最终实现评价的人性、平等、科学。

第四节　高中英语教学的资源与技术

一、高中英语教学的资源

资源单纯在汉语中的意思就是原材料，而且这种原材料是具备开发和使用价值的，这个价值需要使用者进行挖掘，并不是现成存在的，直接可以管理的内容。所以，通常会把资源看作是具有管理价值的物质。对于课程资源最为全面的理解，应将其分为广义和狭义，可以促进课程目标实现的各种因素是广义的课程资源，而直接可以形成课程的因素就是狭义课程资源。

"英语课程资源包含英语教材以及其他可以帮助学生提高综合语言运用能力的材料和设施。"[①] 英语教师在教学过程中需要积极开发管理其他相关的资源，如录音、录像和广播电视节目等。

（一）高中英语教学中课程资源的特征

1. 条件性特征

高中英语教学中课程资源的开发和管理需要建立在物质条件基础上，而且也需要通过人们之间的沟通和实践来开展，构建专门学习英语的过程。英语教师、语言学习材料、网络信息资源、教学设备和设施都是学生学习英语非常重要的课程资源。学生在管理了一切语言学习物质条件的基础上，通过人与人之间的实践交际活动的展开，构建语言学习的过程。

---

① 谢晓莉. 高中英语课程资源的开发及其管理 [D]. 苏州：苏州大学，2017：4.

2. 开放性特征

开放性特征是属于英语课程资源最为显著的特点，也就是以开放的心态对待人类创造的一切文明成果，尽可能开发与管理有益于教学活动的一切可能的课程资源，需要学生采用不同方式和不同渠道来学习英语、应用英语。开放性特点表现为对课程资源开发和管理的过程中应不拘于资源形式、资源的空间位置和资源的开发途径，要能够做到同一资源的多种使用和不同资源配合使用素材资源的开放性和语言交际环境的开放性。在高中英语教学中，除了合理有效地使用教科书以外，还应该积极管理其他课程资源，只要有利于提高教学质量，都应加以开发与管理，如适当选用国内外的优秀教材，开发真实语言素材资源，开发管理网络信息资源，开发有地方特色的校本课程资源等。

3. 多样性特征

英语教学过程中应该采用多样化的方式让学生能够有更多的机会视听、阅读英语，而英语学习必须实现文字输入和有声输入，涉及的体裁也应当广泛，只有做到了这些，才能够使学生接受信息、理解信息和处理信息的能力不断提高。所以，应当开发多样化的英语课程资源，让学生能够通过不同的方式学习英语，通过亲自参与感受到英语的魅力。

（二）高中英语教学中课程资源的分类

高中英语教学中课程资源按照不同的分类标准可以分为以下不同的类型。

1. 依据功能进行的划分

依据课程资源的功能不同，可以将其分为条件性和素材性两种不同的类型。条件性课程资源对课程实施水平及范围意义重大，如它能够对课程实施的人力、物力、场地和时间等起到决定作用。而素材性资源主要是指为课程提供素材，包含知识、经验和技能、价值观、情感、态度等。教材是最为常见的素材资源。素材性的资源在互联网技术快速发展的今天也发生了很大的变化，它无法直接形成课程，只有经过加工才可以得到有效管理。

2. 课程资源分布的空间

按照课程资源分布空间将其分为校内和校外。校内资源主要是包含校内的各种场所，如图书馆、信息中心和专用教室等。校园内课程资源同时还包含人文资源，如师生关系，学生团体和校风校纪等，活动资源包含座谈会、讨论会等。校外课程资源顾名思义就是超出学生范围的课程资源，如社区、家庭等。

3. 课程资源存在的方式

按照课程资源存在方式的不同分为显性和隐性。显性课程资源指的是实物，看得见摸得到的资源，如教材、计算机网络以及图书馆资源等，这些实物资源能够作为直接的教学内容，开发起来难度较小。而隐性资源则是包含价值观、情感态度、人格、生活方式等，同时也包含校外的隐性资源，如行为准则、价值规范和人际关系等。虽然隐形资源无法成为直接的教学内容，却可以起到潜移默化的作用。我国对英语课程资源分类的研究还相对比较薄弱。除了常规的根据课程资源的功能和空间分布进行分类外，其他比较典型的分类主要集中在从课程编制过程的角度来分类和从课程资源的设计方式进行分类。另外，英语资源按照具体载体形式的不同进行分类，具体分为以人为载体的人力资源，包含学生、教师、家长、教学专家以及社会上的相关人士等；以物为载体的物力资源，包含学习材料、网络信息资源、教学辅助设施等；活动资源包含课内和课外两大类。

（1）人力资源。课程资源的开发是由参与教学政策的制定、课程设计、实施评价活动的教学工作者、学校的广大教师和学生以及关心教学的社会各界人士共同完成的。此外，课程资源的建设问题是我国新一轮基础教学课程改革所面临的一个崭新的课题。教学专家是课程资源开发和建设的专业主体，他们在资源开发中扮演着特别重要的角色。课程专家通过对某学科领域内的筛选，为课程提供学科知识资源，不断推动本学科的发展，更新学科知识，为课程提供新的学科课程知识资源。

教师是课程的有机构成部分，是课程的主体和创造者，同时，教师也是课程资源开发的主体和承担者。教师要围绕学生的学习，合理选择教材和组织教学内容，引导学生在必要的时候走出教科书，走出课堂和学校，充分在校外各种资源的大环境里学习和探索。

学生是课程的主体，也是课程的创造者和建构者。学生的素质和需求是课程资源开发的依据和基础，学生自主开发课程资源的能力是实现课程目标的重要保障，也是培养终身学习能力的重要条件之一。

（2）物力资源。一是教材和教辅资料：广义的教材既包括课堂教学的教科书，也包括其他所有有利于学生学习的材料。英语教材是英语课程资源的核心部分，教学行政部门和学校要保证向学生提供必要的教材。作为学校英语教学的核心材料，英语教材除了包括学生课堂用书以外，还应该配有教师用书、练习册、活动册、挂图、卡片、配套读物等。二是语言素材资源：指人们在现实生活中为达到一定的交际目的而说和写出的语言材料。三是教辅设施：随着社会的进步和现代教学科学的发展，英语教学的形式和手段越来越丰富，英语课程的教学设施和客观条件资源的范畴也越来越广泛。教学设施资源主要有教室（含多媒体教室、视听室和供不同选修课同时进行的专用教室等）、桌椅、录音机或电脑、学校教学网络、图书馆等。

（3）活动资源。英语教学课程中的活动资源主要是指教师和学生管理物力资源，在教学互动中创造出的各种活动形式。传统英语教学的最大弊病在于忽视了活动，特别是实践交际活动在学生语言学习中的重要作用。课内课外活动资源主要有四种类型：一是对话。常见的对话方式有分排对话、两人小组对话、小组间对话、分列对话、伙伴对话、师生对话等。二是竞赛。面向全体学生有目地开展英语竞赛，可以提高学生运用英语的技能，培养学生学英语的兴趣，可以开展的比赛如朗读比赛、演讲比赛、唱英文歌曲比赛等。三是表演。教材中有大量的对话可供表演，学生可以把句型、对话、课文编成短剧进行表演，把课堂变成舞台，学生是演员，教师是导演，或师生共同表演。此外，能开展英文歌曲、演讲、话剧、朗诵欣赏会等实践活动。四是游戏。在英语活动课中恰当地运用游戏，能够调节课堂气氛，吸引学生主动参加课堂言语实践活动，强化学生听与说的训练，使英语教学变得生动、丰富，使课堂变得有趣活泼。

二、高中英语教学的技术

高中英语新课标提倡充分利用现代教育技术，开发英语教学资源，拓宽学生学习渠道，改进学生的学习方式，提高学生的学习效率。在条件许可的情况下，教师应充分利用各种听觉和视觉手段，例如，挂图、音像等，丰富教学内容和形式，促进学生课堂学习；要利用计算机和多媒体教学软件，探索新的教学模式，促进学生的个性化学习；要开发和利用广播电视、英语报刊、图书馆和网络等多种资源，为学生创造自主学习的条件。

教育技术对提高教学效益的意义是不容置疑的。了解现代教育技术的含义，开发并合理利用以现代信息技术为载体的英语学习资源，实现现代信息技术与英语教学的整合，是英语教师必须重视的课题。

我国广大教育技术工作者对教育技术做出的定义是：教育技术是运用现代教育理论和现代信息技术通过对教学过程和教学资源的设计、开发、应用、评价和管理以实现教学过程和教学资源最优化的理论与实践。现代科学技术可以反映在教学过程中所应用的一切现代的辅助设施和技术，包括利用声、光、电等技术的设备和现代化的、超前的教育观念和思维方式。其特点是直观性强、信息量大。现代教育技术的发展不仅推动了教育方法和教育手段的改进，还推动了教育思想和教育方式的改进。

教育技术在学校教育中的应用，从有线广播、校内电台、录音机，到幻灯机投影仪，再到闭路电视、语言听力实验室、电脑、多媒体设备、校园网的建设，经历了多个阶段。伴随不同的阶段，不同的教育思想、教学法、教材应时出现，给教育发展带来了勃勃生机。

现代教育媒体的介入，丰富了课堂教学的方式和结构，使现代课堂教学具有传统教学不可比拟的优越性，尤其是多媒体和网络技术的介入，优化了英语课堂教学。因为多媒体技术对文本、图形、静止图像、声音、动画和视频等信息具有集成处理的能力，可以为学生提供一个全方位学习英语的交互环境；网络技术由于资源共享，信息全面、量大、实时、快速，可在多方面补充英语教学资源，尤其是听力、阅读和书面表达等方面的材料。因而现代教育技术以它特有的科学性、形象性和运用的灵活性显示出其独特的内在魅力，促进教学形式的多姿多彩，使英语课堂教学得到了优化，从而提高了英语教学质量。

（一）高中英语教学技术的意义

新课标强调信息技术和网络等现代教育技术的运用，主要有以下两方面的原因：

1. 教育的需要

在教学中运用现代教育技术，具有多方面的效益，具体如下：

（1）提高学生的学习兴趣，加深记忆，有利于提高学习效率。

（2）给学生提供更加丰富的教学资源和更为广阔的教学环境，激发学生的探究热情，有利于学生自主学习。

（3）促进学生之间的交流、互助，有利于学生的合作学习。

（4）强化学生利用信息技术的意识，提高运用信息技术的能力。

（5）激发教师的工作热情，将现代教育技术与课程整合，有利于教师指导作用的发挥。

（6）打破传统意义上的教师、教材对知识的"垄断"，有利于学生、教师、教材在平等的基础上交流和发展。

（7）快速传递和再现先进理念及优质教育资源，或培训教师，或直接授课，有利于教育教学的相对均衡发展。

（8）让学习者依据兴趣和需要自主地选择学习内容和进度等，为真正实现个性化学习提供可能，充分体现学生学习的主体性。

当前，国际互联网已成为对教育影响最大的因素。随着信息技术和互联网的发展，人们的学习方式也发生了根本性的变化。充分利用信息技术和网络资源不仅可以作为学校英语教学的补充，拓宽学生的英语学习渠道，还可促进学生学习方式的改变。通过计算机和互联网，学生可以进行个性化和自主性的学习，可以根据自己的需要选择学习的内容和采取适合自己的学习方式，可以逐步提高通过网络获取和处理信息的能力、独立学习的能力，从而使他们掌握步入社会后终身学习的技能。

随着信息技术的发展，用信息技术解决问题的能力与读写算一样，已成为学生的基础能力。因此，教师在传授知识的同时，还要指导学生如何利用计算机和网络等工具更好地自主学习和探讨，培养学生继续学习的能力；教师应利用信息技术培养学生的创新精神和实践能力，提倡学生上网学习，并让他们了解常用的网址和如何进入所需的网站获取需要的知识；培养学生获取、处理信息的能力。

2. 时代的需要

当前是知识经济时代，是信息时代。随着现代信息和网络科技的发展，互联网络已经成为信息传递和人们获取、处理信息的重要途径。人们运用国际互联网研究信息、购物、学习、与亲友交流、预订机票等，它使每个人都能够与世界上任何地方的人进行联络和交流，而在互联网络世界，大部分的信息语言是英语。当前，英语已经成为人们所公认的国际语言，英语的基本能力和现代信息技术已经成为人们所必备的基本素质。为此，英语课程顺应时代的需要，特别强调现代信息技术和互联网络在英语学习中的运用，以使广大学生在网络环境中发展综合语言运用能力，这种能力是他们今后生活、工作和学习所不可缺少的本领。

（二）高中英语教学技术的实践

传统的教学方式和学习方式已不能适应现代教育的要求。现代科学技术的发展已深刻地影响和改变了现代教育。现代教育离不开教育技术，离不开国际互联网络，英语教育更需要利用现代教育技术，尤其是国际互联网络。

新课标强调现代信息技术不仅为英语教学提供了多模态的手段、平台和空间，还提供了丰富的资源和跨时空的语言学习机会和使用机会，促进了英语教学理念、教学方式与学习方式的变革。教师要积极关注现代信息技术在英语教学应用领域中的发展和进步，努力营造信息化教学环境，学习和利用网络提供的实时、个性化学习资源，为学生搭建自主学习平台，帮助学生拓宽学习渠道，深化信息技术与英语课程的融合，提高英语学习的效率。因此，运用现代教育技术，提高课堂教学质量势在必行。

现实的教育技术实践不应简化为单纯的技术操作过程，教师不应该仅仅是一个技术操作者。教师除了理解教学内容、掌握必要的教学技能外，还必须拥有运用教育技术的技能，有通过教育技术不断改进自己教学行为的信念和能力。换言之，教师要通过教育技术理论和实践水平的提高，不断探索新的教学模式，提高教学质量。关于使用教育技术组织教学，举例如下：

例 1，Telephone 话题：

第一，课前访问普通电话网站、手机网站等，这些站点提供了普通电话、无绳电话、手机等的图片资料和其他相关资料，上课时直接将这些资料展示在大屏幕上，让学生有一个直观的认识。

第二，课堂导入：使用多媒体投影仪展示普通电话、无绳电话和手机等的图片资料和其他相关资料。

第三，阅读：先利用 ANI 动画制作软件，制作电话机的工作原理，在大屏幕上演示电话机的工作过程，让学生对电话机的工作原理有直观的理解，之后开始阅读。

第四，理解练习：阅读课文后，利用课前制作好的动画演示，让学生在同桌之间、小组内或到讲台上叙述。

例 2，First Aid 话题：

第一，在大屏幕上展示与"急救"有关的图片或动画，引出课题"First Aid"，并配有救护车的声音。

第二，在介绍"急救"方面的知识时，在大屏幕上打出有关"急救"过程的图片，如"烫伤""划破""烧伤"及"人工呼吸"等。（图片既可以用 Powerpoint 制作，又可以直接用实物投影仪展示，也可以用 ANI 动画制作软件制作）

第三，巩固练习：在大屏幕上显示出多幅图片，让学生根据不同的情况，用英语讲出"急救"方法与过程，教师可以根据实际情况决定是否在屏幕上显示出"正确的方法与过程"，以进一步巩固所学内容。

综上所述，从这些教学片段中，我们可以感受到现代教育技术的优越性。高中英语教材的文章包括人物传记、寓言故事、社会文化、文史知识、科普小品等方面的内容。在网络中可以获取大量与课文有关的知识信息。我们可以通过电脑自己制作，或通过光盘、网络等途径获取文字、图像、声音、动画、视频甚至三维虚拟现实等多方面信息用于课件制作，使教学内容更丰富，教学方法更多样、更灵活。但需要注意的是，并不是取得的所有资料都能随意使用，必须因材施教。

现在应用最普遍的课件制作工具，如"Macromedia Aulhorware，Microsoft PowerPoint"等，都具有强大的多媒体集成功能，支持多种格式的文字、图形、声音、动画、视频等媒体形式，同时提供灵活的调用方式，使用者可以随心所欲地进行选播、重播、跳转，它不仅可以完全取代传统教学中的板书、录音、录像、投影等媒体展现方式，而且更高效、更灵活，可以提高教学时间的利用率，保证课堂教学的流畅性，增大教学信息的容量，激发学生的学习兴趣。

第三章 新课标背景下高中英语教学的策略

第一节 高中英语听力与口语教学的策略

一、高中英语听力教学及策略

(一) 高中英语听力教学的内容

英语听力能力的提高，应该是一个主动学习的过程，应培养学生对听力的兴趣，积极参与听力能力的训练。学生在接受和掌握知识的时候不再被认为是认知与再认知的过程，而是将语言应用到实际的生活当中，通过实践来掌握知识获取技能的过程，特定环境的影响和感官能力加深了对知识的记忆。英语听力能力的训练，需要人大脑的多个区域参与知识加工活动，所以，听力被人们认为是学习英语语言需要获得的能力之中最难掌握的能力；同时，听力能力的性质，更多的是内在，很多特性不易外显，与其他技能相比（说、读、写），听力教学往往不受重视。

学生的听力理解仅仅被视为英语学习过程中获取语言输入的一种途径，任何关于英语习得的模式在试图解释学生如何学习语法时都必然涉及对语言输入的获取。

1. 高中英语听力教学的特点

通常一个班级的学生来自全国各个地方，学生的听力水平参差不齐。有些学生听力基础差，没有掌握正确的学习方法；有些学生的语音语调存在很大问题，因而很难听懂正常语速的听力材料和已经学过的常用词，当然也有一些学生英语水平很高，比较容易听懂听力材料。在听力水平不同的情况下，使用相同的教材和教学方法，使得听力水平低的学生不想学，教师难以授课，也就达不到提高高中英语听力水平的教学目的。"高中英语听力教学内容较为广泛，不仅包括语言知识、文化知识，还包括培养学生对听力策略的掌握和运用。"目前，一些学校尝试突破原有的以院系为单位的班级，将学生听力水平分成提高、普通和预备三个层次，有针对性地选择授课内容和授课方法，更好地贯彻因材施教的原则。

2. 高中英语听力教学的重点

（1）语音训练。语音训练包括对听音、意群、重读等的训练，训练的程序应从词到句，再到文。对于造成听力困难或容易混淆的语音应专项训练，如"bed-bad，chip-cheap，pin-pen，ship-sheep，sit-seat"，等等。语音训练是为了增强学生的语音辨别能力，为提高听力理解打下坚实的基础。

（2）听力技巧。听力技巧包括听大意、听细节、听具体信息、听隐含之意、猜词义等。听力教学包含训练这些技巧的各种听力活动。在听力考试中，掌握正确的听力技巧，不仅可以事半功倍，还可以提高题目的正确率。

（3）听力理解。听力技巧的培养是为理解服务的，除了语音和技巧的训练之外，听力教学更多的应是通过各种活动，训练学生对句子和语篇的理解能力，使学生的理解由"字面"到"隐含"再到"应用"，理解步步加深。

（4）逻辑推理训练。在听力教学中，学生除了训练语音，还要训练逻辑推理能力，并提高自己的语法知识，因为语法和逻辑知识是正确理解和判断的必要条件。其实这依靠的就是逻辑推理能力。另外，学习语言是需要语感的，在听力教学中，就是对信息有一定的预测能力，当能预知将要听到的信息范围时，头脑中该范围的知识储备无意中被激活，那么听力理解的效果就会好一些。

3. 高中英语听力教学的模式

（1）文化导入式。文化导入式教学模式是一种通过引导的方式让学生主动建构语言与文化知识、促进英语综合运用能力相对稳定的操作性框架，该模式主张教师在一定的教学环境中，根据教学大纲、教材和学生实际，运用正确的方法对学生进行积极引导，激发他们的思考与想象，促进学生主动进行内部心理表征的建构，从而培养学生对文化差异的敏感性、宽容性以及处理文化差异的灵活性，提高学生综合运用英语的能力。文化导入式教学模式在教学内容上注重文化概念与思考方式的引入，突出相关文化内容，在教学形式上注重学习主体作用的发挥，同时也要求教师积极发挥主导作用。

第一，适时培养学生对文化背景知识的敏感性。为培养学生对文化的敏感性，教师要充分利用教材发现问题，培养学生从文化角度来审视问题的根源，提高他们发现目的语文化现象的存在和这一文化与母语文化之间相符相悖的敏感性。

第二，听说并重，增强文化理解力。要想真正提高听力水平，必须强调听说并重。教师可以根据不同的材料通过复述、问答及根据听力组织对话、进行小品表演等形式对学生进行听力检查，听力检查既可以加深学生对知识的掌握，又可以提高学生的听说能力。

第三，利用词语导入文化背景知识。词语包括单个的词和短语。语言的各种文化特征都能在词语中展现出来。教师在教学中应适当地导入听力材料中具有一定文化背景知识的词语，让学生充分理解其文化特征与内涵。

第四，借助视听媒介导入文化。教师应发挥多媒体的优势，充分利用电影、电视、幻灯等资料进行辅助教学。因为这些媒介是了解英语文化的有效手段，是包罗万象的文化载体。学生可以在观影中直观、真实地了解西方的社会风俗、交际方式、价值观念等内容。

第五，延伸教学空间，拓展英语文化。教师可以采取布置任务的方式，让学生提前查阅与所学单元相关的文化知识，并让学生以幻灯片形式展示成果，使学生在参与中增强信心和成就感。同时，鼓励学生课后大量阅读介绍英美文化的书籍，这既可获得语言知识，又可深化学生对文化差异的了解，从而提高学生的听力水平。

（2）视听说结合式

第一，视听说结合式教学的必要性。视听结合，使学生处在耳目一新的教学环境当中，在视觉和听觉的双重刺激下接受语言信息，在这种环境中启发学生说英语的兴趣可以达到事半功倍的教学效果。教师应尽可能地为学生创造练习口语的机会，将听与说有机地结合起来，以听说结合的方式切实提高其听力水平，保持英语习得过程中的输入与产出的平衡。

第二，视听说结合式教学环节。通过视听说结合的方式，可以解决英语教学中的"质"的问题，通过指导学生按照粗略观看、仔细听解、口头讲述三个步骤来完成从语言输入到输出的过程。在粗略观看阶段，教师根据视听内容，利用图片、实物、背景知识的介绍和单词的讲解等形式进行巧妙的导入，让学生对视听材料的大体内容有所掌握，为下一步教学做好铺垫；在仔细听阶段，不仅指导学生进一步明确整段话语的大意，更要把焦点放在语言材料本身，要求学生能够回答具体的细节问题，甚至区别细微的语音现象；在讲述阶段可以采取如问答、复述、谈论话题、讨论、情景对话、描述、角色扮演等多种形式，对视听材料有选择地进行再现、借鉴或者创造。

4. 高中英语听力教学的实践

学生在听力训练过程中经常会感到听不懂，部分学生只要听力材料中有一部分听不懂，就觉得很难，没有信心听下去。也有部分学生认为虽然多数内容都听懂了，但是因为不能记住所听内容，仍然觉得自己没听懂。由此可见，听力重要的不是百分之百地听懂，而是理解。在听力训练过程中听不懂的现象主要涉及三个方面：第一，不能把握说话人的主要观点或意见；第二，不能把握主要事件的来龙去脉；第三，不能抓住关键的细节，如地点、时间、数字等。教师针对这种情况，可以在听力教学过程中运用一些教学策略，帮助学生把握听力材料，提高听力水平。

（1）听前需要预览。教师在听力教学之前要教会学生进行听前预览，即在做每个小题之前，把要做的各个选项通读一遍。学生通过预览，可以事先掌握一些数字、人名、地点之类的特别信息，并可以预测要听到的句子、对话或短文的内容。对于关于人名、数字、地点的问题而言，听前预览尤其重要，因为在不预览的情况下，一旦题中提到两个或两个以上的相似信息，就可能对听者产生极大的干扰作用。

（2）注意抓听关键词。有的时候可能一段听力材料并没有听懂，只是听出了几个关键词，仍然能够答对题目，这就是巧听关键词的策略。事实上，有的题目主要就是听关键词，关键词抓住了，那么问题也就得到了解决。例如，教师在听力教学中应该经常训练学生抓听关键词，这是克服听力理解过程中记忆问题的有效方法之一。

（3）边听边做有效记录。英语听力的题型有选择题，也有短文理解，学生先听到录音，然后答题，主要考查学生的记忆能力和记忆效果。有的时候学生虽然听懂了，但是由于需要记忆的内容很多，有个别地方又没有听懂，容易造成急躁情绪，学生很难记住所需要听的内容。所以教师在对学生进行听力训练时，要引导学生养成边听边做笔记的好习惯。所记的内容可以是数字之类的信息，也可以是关键词。记录要以不影响听下面的内容为原则，因而速度要快，单词不一定写全，可以是缩写，也可以只写开头的字母。很多人认为做笔记是到了英语学习的高级阶段才开始的，其实做笔记应该从英语的初学阶段就开始逐步进行训练。做笔记要注意以下两点：

第一，准确记笔记。在做笔记时，有的学生试图把听到的内容全部记下来，这是不正确的。记的内容应该是重要的信息、容易忘记的内容，如时间、地点、数量，或者自己特别感兴趣的内容。

第二，有效准确地运用缩写与符号。要有效地运用缩写、符号等形式，减少记录的负担。有的学生在做笔记时总是写完整的句子和单词，甚至还记那些无关紧要的冠词、介词等。要培养学生有效地使用那些通用的缩写和符号，并且还可以建立自己的符号和缩写体系，因为笔记是给自己看的，建立自己的系统也是非常有效的。

（4）听英语相关新闻。课堂的时间是有限的，教师应鼓励学生养成听英语相关新闻的习惯和爱好。听新闻既可锻炼英语听力水平，也可以了解国家大事。事实上，在学生听新闻时，不需要对一切都准确地把握，只是对于感兴趣的内容，可以用心听每一个细节。所以，学生在听新闻时，心理上是轻松愉快的，没有任何压力和包袱，这样反而会比带着任务听的效果要好。在听新闻时，主要是听一些关键词，把它们串联起来，就可以了解这篇新闻的内容。

（二）高中英语听力教学的策略

1. 树立信心，培养听力意识

教师要适时做好学生的心理疏导工作，帮助学生认清听力学习的重要性，启发学生。英语是一种交际工具，要想较好地与他人沟通、交流信息，必须先从听学起，只要学生树立自信心，愿意听、乐意听，并且有目的、有意识地加强听力训练，一定能取得好成绩。教师要对学习过程中高中生所取得的各种进步及时给予鼓励和肯定，让每个学生都能养成良好的心理素质，从而在英语听力学习中充满信心。

另外，教师要激发学生对英语听力学习的信心，需要根据教学大纲里的具体内容、任务，运用多种多样的方法、手段来激发学生学习英语的信心。在课堂上，教师需要尽量采用学生听得懂的语言来进行英语教学，学生可以通过教师的肢体语言、已有表情来理解文本，增强学生学习英语的信心。同时，教师也可以选择一些有趣易懂的内容来训练学生，吸引学生的注意力，再进行教学，做对的多表扬，以提升其信心。

教师应在教学中尽可能地创设英语环境，渲染英语气氛，鼓励学生日常生活中经常用英语问候、会谈、交流、互相说听，通过运用使其产生一种成就感，克服他们心理上的障碍，激发他们的信心。教师还可举办"英语角""讲英语故事""给故事配音"，组织观看英语影片等丰富多彩的课外活动，营造良好的听音环境，培养听音意识，从而提高学生的听力，增强学习信心，让学生带着问题去听，带着悬念去听，增强学生听的兴趣。

2. 强化语音练习，帮助正确发音

（1）实施正确的语音授课，注重语音课的教学设计。在刚开始教学生学习英语时，应先从舌头的摆放位置以及气流的发出等方面进行讲解，并反复地练习，直到每个学生都能够准确地发音为止。只有让学生学会正确发音，才能为学生后续的听力学习奠定坚实的基础。教学中还应强化语音训练，根据教材内容精心设计一些精听课。先以单词、词组为单位，训练学生对单词、固定词组的快速反应和理解能力。再以句子为单位，训练学生快速听和反应的能力。

（2）利用各种教学手段开展形式多样的教学活动。从现代教育理论来看，传播教学信息的载体越直观，信息通道中的干扰就越少，学生的认知率就越高。因此，充分利用现有

的多媒体教学设施，开辟专用的课外语音视听室，让学生利用课余时间欣赏性地听、模仿不同语篇类型的听力材料，充分调动学生的学习兴趣和积极性，在美的熏陶中获取英语语感，使学生能通过自己一口漂亮的语音语调增强学习英语的自信心。

（3）适当增加语音课课时。这样能避免英语语音学习流于形式、费时低效的弊端，能切实提高高中生英语听力与运用的能力。

（4）增设校本英语语音过关考试。通过定期的语音检测或考试来促进学生对语音学习的兴趣，不断提高与完善。因此，语音过关考试是一个非常有效的检验手段，一方面可以督促学生进行自觉的后期提高和完善，另一方面可以起到查漏补缺的作用。

3. 加强词汇量，培养话语分析能力

话语分析是现代语言学里的一个新兴学科。它发展得十分迅速，而在高中的英语听力教学中，从听力话语分析的角度来提升高中生的听力水平也已成为高中英语教学的一个重点方向，也是当前国内高中英语教学中许多人关注的课题。从教学理论上来看，话语分析能将传统语言解读方式不能解读出来的英语语言现象加以解读，而且能让学习者在教师的诱导中深刻理解英语的语言特色与文化背景内涵等内容。因此，话语分析的方法和研究成果对于语言教学，尤其是外语教学或第二语言教学，也有理论指导意义。

4. 优化教学听力训练，增强目的性与层次性

（1）听力练习的要求与目的要明确。教学中，每进行一次听力练习，教师都要提出明确的要求和要达到的目的。学生有了明确的目的，从而带着问题去听，才能提高听力效果。

（2）听力材料的选择要有层次性。教师在选择听力材料时还要具有层次性，听力练习可以先听一些简单、短小的材料，一般学生都能听得懂。当学生有了收获时，才能慢慢地对听力有兴趣，这时再逐步过渡到较深、较难的材料。

（3）科学设计听力内容和形式。有的学生在听力练习时会出现发困的现象，教师在安排听力训练时应注意时间的长短：听力材料不能太长，应每天定期进行听力训练。大部分学校都有英语早自习，教师可以占用 20 分钟的背书时间来让学生练习英语听力。对于听力材料的选择教师要做到多种多样，让学生接触不同题材的听力内容，拓宽学生的知识面。

（4）技巧选择要有目的性。教师在指导学生做新教材中的听力练习题时，应指导学生突破练习题之间的限制。听完一遍后，练习题中能做的题都可以做，而且凡是能一次完成的问题就尽量一次解决。完不成的可以让学生带着问题再听，并最终完成任务，这样就减少了难度，突出了难点。

（5）听前阅读，利用好听力时间。每道听力题都会留出相应的阅读材料时间，学生要利用好这段时间提取有用的信息，分析句子问题，猜测朗读者要说的内容。

（6）进行创意的听力训练，激发自己的潜在能力。有的学生对学习英语就是提不起兴趣，特别是男同学，他们觉得上英语课就像听天书一样，更别提英语听力训练了，这时英语教师应想一些办法进行新颖的听力训练，激发学生的潜在能力。

总而言之，高中英语听力教学和训练一直受到英语教师的关注，英语教师为了能让学生在高考听力中取得高分，虽然也想出了很多种听力训练方法，但教师应注意从学生实际出发，加强对学生的平常训练，及时发现学生在听力方面的问题，对学生进行正确的指导，增强学生的听力水平。

5. 采用多元化的听力材料，重视材料的提示

在选择听力材料时，教师既要结合教学实际的需要，也要结合学生现有的能力和兴趣，还可以让学生在课堂上以英语游戏的形式参与活动，循序渐进地进行练习，最大限度地挖掘他们的潜在能力，发挥他们的主观能动性。

在多媒体教学环境下的今天，教师可以播放英文电影、教学情景对话、英文歌曲或演讲，通过增强听力内容的趣味性、实效性，适当引入一些流行元素，提高学生的英文水平。英文电影作为一种直观、形象、生动的方式，越来越受到学生的青睐。英文电影有吸引人的剧情，让学生身临其境，有些情节非常具有趣味性，影片中的英语不再是让人望而生畏的语言，而变成妙趣横生、充满生机和活力的实践。每周增加一点这些内容，并在人机对话中让学生学唱英文歌曲，进行英文电影配音，这将提高学生的英语学习热情和积极性，从而使其在轻松愉悦的氛围中提高英语听力水平，并且对提高学生的口语表达能力也非常有帮助。

在给学生上听力课时，教师不能只是给他们播放录音，也不能只给他们解释一点儿词汇或者短语，而是应当用已经有的与材料相关的知识来引导学生。例如，教师可以用简短的讨论进入主题，让学生根据听力题目或者预先给的一些暗示来猜猜听力的内容，从而帮助学生理解所要听的材料。通过这些方式，可以让学生对将要听到的内容有所期待，也从心理上进入一个准备阶段。另外，如果材料有一定的难度，可先用简单的语言来表述，培养学生在听听力材料的同时做笔记的能力，在听听力材料之前给学生一些相关的问题，学生学习就更有目的性，效率也会提高。

6. 抓住听力学习重点，扎实掌握精听与泛听

通常而言，学生喜欢把材料里的每个单词都理解清楚。事实上，不同的听力材料在不

同的语速下，只要学生能把听力材料的重点，即能帮助理解材料的内容听懂并理解即可。一般而言，一篇材料里的诸多新单词并不会影响学生理解全篇大意。教师应当经常提醒学生要听重点，根据问题留意某些细节就可以了，教会学生如何抓住听力材料的重点。

精听是"精确听力练习"，要求学习者在听力练习中捕捉到每一个词、每一个短语，不能有任何疏漏和不理解之处；而泛听是要求学习者在听力练习中以掌握文章的整体意思为目的，只要不影响对整体文章的理解，一个词、一个短语甚至一个句子听不懂也不影响。精听和泛听可以结合练习，如某一篇文章中有句段可以用精听的方法练习，在练习的过程中，准确无误地听到某些细节性的信息，有几段可以用泛听的方法了解文章的梗概。

二、高中英语口语教学及策略

（一）高中英语口语教学的体系

1. 高中英语口语教学的现状

"在这长达十几年的英语教学之中，学生对英语口语的运用始终是令人不太满意，不仅表现在考试中英语口语听力的成绩上，也表现在学生英语口语的表达与沟通能力的欠缺上。"① 因此，要让学生明白，学习英语的最初目的与最终目标并不是为了考试，而是将英语用于实践，与他人进行交流，因为英语是一种语言，而语言是一种交际工具。我们更要懂得，在听、说、读、写四种基本能力之中，听和说是口语，读与写是书面语，它们之间是不同的。在考试之中，学生要认真地想一想这个单词用在这个句子之中是否合适，根据句子的语法与规则来斟酌，甚至在写作文时，还可以提前准备几句万能句，或者干脆是一套万能模板。但是对于口语而言，这样的办法显然行不通，对话双方所谈论的内容和话题具有一定情境，这就显现出口语学习的灵活机变性。

在口语对话中，听与说是一个整体，在双方或与多人的交谈中，事先不可能知道对方接下来要谈论什么内容，也就无法准备要谈论的素材，大部分的情况都是边想边说。另外，学生对于英语口语学习的恐惧，主要体现在三个方面：第一，就是词汇问题，这是大部分学生在学习时所要跨越的最大障碍，词汇积累是学习英语的关键，充足的英语单词的积累能够使学生在学习中如鱼得水。第二，英语是一门系统、完备的语言，英语的语法与我们的母语中文语法恰好相反，它的组织结构不符合中国人的语言习惯，因此，在练习口语时，经常会犯一些低级的语法错误。但这些并不重要，只要在犯错时总结，总结后多多

---

① 雷志莲.提高英语口语能力促进英语综合素质策略研究［J］.中学生英语，2022（10）：36.

练习，就能得到提升。第三，准确的英语口语发音在交流中起着关键作用。但是对于绝大多数学生而言，他们不重视，也不愿意在公开场合用英语交流，甚至在课堂上面对教师的提问时也会感到为难，原因在于学生发音不正确。

在高中英语课堂中，绝大多数的教师在进行课堂教学活动中并没有使用全英教学。除了因为现阶段学生薄弱的英语口语跟不上教师的讲授水平外，另一个重要的原因是教师为了赶教学进度而压缩在课堂上进行英语口语的教学时间。此外，学生在课堂上也习惯了听教师讲授，英语口语学习并不是一蹴而就的，需要一个长期的积累过程，而在此过程中高中生也就容易丧失学习的积极性。更为重要的一点是，无论是家长、教师还是学生自身，在高中阶段对于口语练习能力的重视都不够，都把学习成绩视为最高标准，甚至评价一个学生和一位教师的关键尺度是看这个学生的学习成绩是不是优秀，这位教师教出来的学生的学习成绩好不好，平均成绩占年级的第几名。

另外，高考试卷中没有对于英语口语的考查，导致教师并不重视在教学中对学生英语口语的训练。良好的英语学习环境也至关重要，在汉语环境下练习英语口语的挑战较大，除了在课堂中接触英语口语外，学生很少在生活中有意识地学习，在家庭里，家长并不重视对孩子英语口语的培养，更不要说在高中繁重的作业和升学压力下抽出时间上课外口语训练班、看英文电视等。即使在学校上课之余，教师想与学生进行互动，但大多数学生是不愿与教师进行英语口语对话的。

2. 高中英语口语教学的重要性

在当今国际化的时代，各国之间的交流越来越频繁，人与人之间的距离缩小。英语作为世界上通用语言之一，掌握好英语是十分重要的，学生学习英语不仅要会写，更要会说。多掌握一门外语，会使学生在未来有更多的可能，它不仅能为学生在进入社会寻找工作时增加竞争力，而且一口流利的英语在工作中会使领导对你刮目相看，从而得到更多的机会。学生在现阶段的学习中，提高英语口语能力可以增强学生的自信心和学习英语的积极性，加强与教师的互动交流，在口语能力达到一定水平时，可以尝试与外国人进行交流，增强与他人的沟通能力，与陌生人交往时不再胆怯。此外，英语口语能力的训练也是对大脑思维的开发，当学生在与他人交流或听一段英文录音时，注意力会高度集中，大脑高度运转，思维活跃性被调动起来，使大脑得到充分的开发。一个更显著的效果是可以增加学生的词汇量，培养学生英语的语感，提高学生的口语表达能力。这对于学生综合素质能力的培养而言，具有重要意义，所以对于英语口语能力的练习不可忽视。

3. 高中英语口语教学的作用

（1）有效激发学生兴趣。合理的教学导入设计可以有效地激发学生的学习兴趣，让学生的学习参与更加主动，对口语教学的开展同样如此。教师可以借助教学导入的有效构建来激发学生的口语学习兴趣，从而让学生在后续的学习中获得积极性的提升。为了实现教学导入设计的有效化，教师在教学过程中需要就教学导入的方法进行研究，并联系教学实际选择合适的方法进行构建。这样，在课堂上，当学生具有了浓厚的口语学习兴趣，教师也可以开展口语教学，推动学生的口语能力发展。在组织导入活动时，教师应采用多元化的导入方式。除此之外，教师还可通过其他方式实现课堂导入，如播放电教媒体，还原社会文化场景，或者是引导学生参与角色表演活动，使学生能在表演过程中产生认知联想，优化学生的学习状态。具体而言，教师应结合教学内容设计导入形式，改善学生的认知状态。

（2）注重师生良好关系。良好师生关系的营造是促进课堂和谐进行、学生有效学习的关键。为了开展有效的口语教学，让学生敢于说英语、乐于说英语，教师在教学实际中需要围绕师生关系进行研究，尝试找出促进师生交流合理进行的方法。师生的交流存在于提问以及对话中，教师过于注重课上，在课下与学生不再交流是学生与教师关系疏远的重要原因。当前，为了营造良好的师生关系，教师需要迎合时代发展，善于使用线上通信工具在课下与学生进行交流，并通过对学生感兴趣话题的探讨融入学生群体中。除此之外，诙谐有趣的语言也是调动学生的好方法，虽然受限于教师个人性格的影响，并不容易做到，但教师要敢于尝试，并勇于改变教学方式，使用更加有趣的方式和语言来开展口语教学。在课上，为了营造良好的师生关系，教师还可以对趣味教学进行研究，围绕教学内容做出趣味化的教学展示。除此之外，在构建和谐的师生关系时，教师还应尊重学生、赏识学生、包容学生与关爱学生，从人文关怀角度去优化师生关系，使学生能产生良好的"向师性"，自觉接受教师指导，并能爱屋及乌，主动学英语。

（3）培养英语口语。英文电影的引入与展示是培养学生口语、激发学生英语学习兴趣的有效方式，其除了可以调动学生的兴趣之外，标准的英语读音和情境英语可以让学生体会英语中的语感，改善学生生搬硬套英语单词短语的情况。为了确保英文电影的引入可以发挥有效的效果，教师在教学前要结合实际进行分析，尽可能选择一些有趣且评分较高的英文电影供学生观看。在高中阶段的学生所掌握的词汇量还不足以完全看懂英文电影，教师可以采用先英文后中文字幕的两遍展示方式引导学生练习。先播放英文字幕版电影可避免学生因熟悉剧情使后续电影观看缺乏兴趣。教师可利用这一软件组织学生观看英语影片，由学生为电影配音、做解说，使学生能自主分析英语知识，优化学生的学习心理。

（4）推荐读物发展学生能力。英语读物的推荐是教师推动学生英语知识储备提升的一个有效方式，为了实现这一目标，教师在教学实际中需要就英语读物的选择和后续阅读引导进行研究。在英语读物的选择上，供教师选择的文本包括且不限于杂志、小说、报纸等。在阅读引导上，教师需要结合具体事例开展展示，帮助学生做出分析，让学生明确英语读物阅读的方法和阅读过程中需要注意的细节。在组织课外阅读活动时，为了调整学生的学习心态，使学生能产生积极的心理品质，教师应允许学生自主选择课外读物，使学生在兴趣驱动下主动读书，由此改善学生的英语认知状态和学习行为，使学生顺利实现自我发展。

（5）调动学生兴趣。口语比赛的创建可以有效地调动学生的口语训练兴趣，这是人类的竞争天性决定的。为了进一步提升学生参与口语竞赛的动力，教师除了鼓舞学生外，还可以从奖励上着手，用奖品来吸引学生参与。为确保口语比赛的有效进行，教师要利用课下时间做出资料的收集和检索，明确有效比赛架构的形式和方法。其中，教师要重点收集比赛的组织方式和学生口语比赛的内容设计，确保学生在比赛过程中可以获得较为丰富的游戏体验。为了确保学生可以在参赛中得到较好的发挥，教师要给学生提出练习和准备的建议。评选出学生得分后，教师可颁发相应的奖励，由此激励学生，使学生能产生良好的学习动机，同时也能激发出学生的竞争心理，使学生在竞争氛围下自觉练习英语口语发音技巧，激发学生学习英语口语的动力，实现学习进步。

（6）量化口语发展，渗透有效评价。英语口语是一项技能，也可以被量化展示，但从表现形式上看，口语技能并不像英语解题能力那样直观，很多学生对自己的口语能力发展情况缺乏明确的认知。在过去的教学中，教师对学生口语能力发展的重视程度不足，使教学评价很少渗透学生的口语发展，学生自身也忽视了培养口语技能。在当前，随着学生全面发展理念的树立，教师同样需要将学生口语能力的发展重视起来，并围绕实际检测的设计将学生的口语能力发展情况进行量化评价。在后续的教学中，教师可以给学生做出指导，引导学生通过训练，进一步发展自身的口语能力。需要注意的是，要想保证学生能长期产生强劲的学习动机，优化学生的学习状态，那么教师在进行口语评价时要做到赏识为先、客观为本，不能一味地指出学生的口语问题，而是要根据学生的个体进一步去赏识、表扬学生，使学生能认识到个人进步与学习成长，促使学生长期坚持练习英语口语发音技巧。

总而言之，在英语口语教学中，存在很多积极因素，为了推动学生口语能力的有效发展，教师要学会利用积极因素构建教学。在实际教学中，教师可以从趣味导入的创建、良好关系的营造、英文电影的引入、课外读物的推荐、口语大赛的举办、有效评价的渗透六个方面来构建教学策略，想方设法实现学生口语能力的发展与推动。

4. 高中英语口语教学的特点

（1）高中英语口语教学内容的特点。英语口语教学的内容是广泛的，它不仅包括在口语课上教学生如何说，而且还要从教学内容、教学安排等方面保证学生在课下都有大量的口语实践机会。因此，教学内容的广泛、可延展性是英语口语教学的一大特点。教师可以有计划地组织安排各种训练的活动，把训练学生听、说、读、写、译等各项能力有机地结合起来，根据不同阶段、不同的练习目的和主题采取诸如朗诵、辩论、表演、配音、口头作文等多种形式，把握适当的难易度，巩固学生的基本功，使教学内容成为一个可伸缩的，知识性、趣味性并重的系统。

（2）高中英语口语教学评估的特点。教学评估是英语口语教学的一个重要环节。客观、全面、科学、准确的评估体系对于实现教学目标至关重要，它既是教师获取教学反馈信息、改进教学管理、保证教学质量的重要依据，又是学生调整学习策略、改进学习方法、提高学习效率和取得良好学习效果的有效手段。对学生学习的评估可分为两种：一种是形成性评估；另一种是总结性评估。无论采用哪种形式，英语口语教学的评估都是考核学生实际使用英语语言进行交际的能力。口语教学的主要内容是语音教学，自然规范的语音、语调将为有效而流利的口语交际奠定良好的基础。尤其是在高中口语教学过程中，教师重视发音的准确性，而不过分强调流利程度有助于学生培养良好的语言习惯。

（3）高中英语口语教学管理的特点。高中英语口语教学的管理贯穿英语口语教学的全过程，要确保英语口语教学达到既定的教学目标，必须加强教学过程的指导、监督和检查。因此，口语教学的管理要做到如下三个方面：第一，必须有完善的教学文件和管理系统，教学文件包括学校的英语教学大纲和口语教学的教学目标、课程设计、教学安排、教学内容、教学进度、考核方式等；管理系统包括学生口语成绩和学习记录、口语考试分析总结，口语教师授课基本要求以及教研活动记录等。第二，口语教学推行小班课，每班不超过 30 人，如果自然班人数过多，可将大班分成约 30 人的小班，分开上口语课。第三，有健全的教学管理和培训制度。英语教师的口语水平是提高口语教学质量的关键，学校应建设年龄、学历以及职称结构合理的师资队伍，加强对教师的培训培养工作，鼓励教师围绕教学质量的提高积极开展教学研究，创造条件因地制宜地开展多种形式的教研活动。

（二）高中英语口语教学的策略

英语的学习至关重要，一方面，英语作为一门主课存在于教学工作中，很多家长为了不让孩子输在起跑线上，不顾孩子的成长规律，让孩子在幼儿园时期就已经开始学习英语。众所周知的是，学生在面临高考的升学压力时，英语学习是避无可避的，对于英语口语的听力能力也是有所考查的。另一方面，英语作为世界上使用最广泛的语言之一，对外不仅在经济交流、文化交往、旅游产业的发展中起着重要作用，而且，在网络日益普及与交通日益便利的大背景下，许多高新技术开发都需要以英语作为载体。更重要的是，随着我国对外开放日益深入，综合国力的提升，英语成为我国走进世界、增强国际交往的重要工具。

结合当今英语应用十分重要的社会背景，面对当学习英语口语所出现的问题，教师必须采取行动，从更新教学理念、营造良好环境、激发学习动机三个方面进行努力。

1. 更新教学理念

在英语学习中，面对口语练习不重要，英语成绩才是决定性因素的现状，必须转变大众的认知观念。对于家长而言，他们对于孩子的英语写作十分重视，但是对于英语口语练习就并没有那么重视。具体而言，绝大多数学生在家学习英语时，并不会听英语录音或视频跟着朗读正宗的英语练习发音，有的学生甚至根本不会听，将教师布置的关于听读课文的作业忽略，而家长也不会督促和检查学生完成这类作业。

在假期中，家长也不会送孩子上英语口语练习班，而更多的是上阅读班、写作、翻译班等注重提高成绩的课外辅导班，这体现了家长对英语口语练习的偏见。学生对英语口语的练习是缺乏兴趣的，口语能力的训练并不能一蹴而就，学生往往在这一阶段就失去了对它的兴趣；再加上学生平常对口语的练习较少，缺乏自信心，这使他们害怕出错而不敢开口讲英语。对于教师而言，在课堂上，教师采取简单的方式让学生机械地读和背，这是应试教育下传统的教学方法，这些对于传统的英语口语能力的错误认知需要改变。

在当今时代，中国需要的是具有实践能力，拥有全方位、综合性素质的人才，这样才能为祖国的发展壮大奉献力量。在应试教育制度下的教学活动受到学校、家长、社会多方面的热切关注，但教师理应明白，不仅提高学生的学习成绩，将他们送上更广阔舞台是教师的职责，更为重要的是要为祖国培育具有综合性素质的人才。

2. 营造良好环境

营造良好的语言环境是培养学生英语口语能力的保障，在课堂上，教师应坚持以学生为主体的原则，把课堂交还给学生，多听从学生的建议以及要求，多与学生进行互动与交流。

例如，在上课时，教师可以抛出一个让学生感兴趣的话题，采用提问或小组合作探究的方式调动学生学习的积极性，活跃课堂气氛，使教学的效果更好；在家庭中，并不是每一位家长都能为学生创造良好的英语学习环境，但是，家长可以做到督促学生保质保量地完成教师布置的口语练习，并督促他们在空余时间在手机或录音机上跟读英语。

3. 激发学习动机

兴趣是最好的老师。在英语课堂上，教师可以采取多种方式，让学生在轻松愉悦的环境中进行相关学习。例如，在学习一篇较长的课文时，让学生男女分段朗读，或让小组推举学生进行情景对话，这样既能让学生深刻理解课文内容，也能锻炼学生英语口语练习的能力，培养学生的语感。这样的方法活跃了课堂气氛，使学生的注意力高度集中，也使他们更为踊跃地加入课堂学习之中。或者在课堂活动中，由教师在多媒体课件上展示几幅图片，鼓励学生进行描述。这样的做法将语言与画面相结合，创新了不一样的教学方式，有助于帮助学生理解记忆，同时也增强了学生的语言表达能力。

特别应注意的是，教师要善于发现学生的闪光点，不应该放弃每一个学生，要多关注学习有困难的学生，在课堂上，多给他们创造条件，多进行鼓励。在进行课堂讲解中，教师可以采取小组合作探究的方式，提出问题让学生讨论解决并且熟读课文，解决不认识的单词，将课文编成对话的形式，让学生分角色扮演其中的人物，长对白由表现较为优异的学生扮演，学习有困难的学生让他们负责短对白。这样的做法有助于学生之间的团结协作、互帮互助，也有利于激发学生学习的兴趣，增强语言表达能力。

总而言之，提高英语口语教学能力是促进英语综合素质的重要内容，无论是家长、教师还是学生自身都应得到应有的重视，英语口语的提高需要长期训练，并非立即就能够完成，家长和教师应该多一些耐心，不断地引导学生进行训练。面对各种问题，英语口语能力的提升需要各方面的努力，未来仍是任重而道远。

第二节　高中英语阅读与写作教学的策略

一、高中英语阅读教学及策略

（一）高中英语阅读教学的体系

1. 高中英语阅读教学目的

阅读教学不仅是为了让学生掌握一定的语言知识，而且要从中获取有用的信息，同时掌握一些阅读的技能、技巧。概括起来，阅读教学的目的至少应包括：一是扩充学生的词汇和习语；二是扩充和巩固学生的语法项目；三是发展一般性的阅读技能；四是掌握推导性的阅读技能；五是掌握批判性的阅读技能；六是通过各种技能获取有用的信息。阅读教学成功与否，与教师对阅读教学目的的认识有关。因此，只有明确阅读教学的目的，才能使教学有一个明确的方向。高中英语阅读教学的目的，由提高阅读能力转变为提高阅读能力和阅读品格以培养学生较高的阅读素养，为学生终身学习奠定良好基础。为此，我们从阅读能力和阅读品格两个方面，来论述高中英语阅读教学的目标。

（1）提升高中英语教学的阅读能力。英语阅读能力包括解码能力、语言知识、阅读技巧和策略以及阅读的流畅度等，它们是高中英语阅读教学要培养的基本能力。

第一，解码能力。阅读理解能力，其包含阐释能力（对读物信息进行阐释的解码能力）、组合能力（对读物信息进行重组的编码能力）和扩展能力（对读物信息进行扬弃的评码能力）三个层面，这三个层面贯穿阅读全过程。阅读阐释能力即解码能力指的是对文本的独特构造、艺术技巧，表达方式和修辞手段等的理解和拆解能力，是阅读理解能力的基本乃至核心能力，因为只有真正解开特定文本的"码"，才能对文本本身进行认知和品味，进而弄明白这篇文章是怎么写的、好在哪里等问题。解码能力包括解释（让抽象内容具体化）、概括（把具体内容抽象化）和开掘（使隐含内容明示化）三项操作技能。"解释"是将语篇读厚，"概括"是将语篇读薄，"开掘"是将语篇读透。准确深刻的理解能力在很大程度上取决于分析概括能力。分析透，才能概括准；概括准，才能迁移对。

第二，语言知识。学习语言知识的目的是发展语言运用能力，因此，要特别关注语言知识的表意功能。语言教学的主要任务之一，就是帮助学习者认识到语音、词汇、语法等语言要素是如何相互联系，共同组织和建构语篇的。所以，在语言知识的诸多项目中，教师除了关注语音、词汇、语法的教授外，还应把重点放在语篇知识和语用知识的教授上。

一是语篇的知识。语篇知识是关于语篇如何构成，语篇如何表达意义以及人们在交流的过程中如何使用语篇的知识。语篇中各要素之间存在极其复杂的关系，如句与句、段与段、标题与正文、文字与图表之间的关系。这些关系涉及语篇的微观和宏观组织结构。语篇的微观组织结构包括句子内部的语法结构、词语搭配、指代关系、句子的信息展开方式等。语篇的宏观组织结构既包括语篇中段与段的关系以及语篇各部分与语篇之间的关系，也包括语篇类型和语篇格式等。语篇知识有助于语言使用者正确理解语篇，在语言理解与表达过程中具有重要作用。例如，有关语篇中的立论句、段落主题句、话语标记语等知识可以帮助读者把握文章的脉络，从而提高阅读效率；有关语篇结构、语篇的组织成分等的知识可以帮助读者快速了解语篇类型，以准确把握作者的写作目的。

二是语用知识。语用知识指在特定语境中准确地理解他人和得体表达自己观点的知识。掌握一定的语用知识有助于根据交际目的、交际场合的正式程度、参与人的身份和角色，选择正式或非正式，直接或委婉，口头或书面语等语言形式，得体且恰当地与他人沟通和交流，从而达到交际的目的。因此，在英语作为国际通用语言的背景下，学习和掌握一定的语用知识对提升高中生有效运用英语的能力和灵活的应变能力大有裨益。

（2）提升高中英语教学的阅读品格。阅读品格是促进个体参与社会活动，促进发展所需要的综合素养。良好的阅读品格的培养，对提升学生学习自觉性、建立良好阅读习惯，促进学生自我探究学习等具有重要的促进作用。以往有关阅读品格的研究主要围绕阅读兴趣、阅读动机、阅读态度、自我评价等内在心理范畴展开，但国际阅读素养进展研究（PIRLS）将阅读量和阅读频率等外在行为范畴也纳入阅读品格的研究范围中，并将其与内在心理范畴结合，统称为"阅读行为与态度"。阅读品格分为阅读习惯和阅读体验两个部分。阅读习惯包括阅读行为、阅读频率和阅读量；阅读体验包括阅读态度、阅读兴趣和自我评估。这两个部分相辅相成、缺一不可。良好的阅读习惯会促进高质量的阅读体验，而高质量的阅读体验也一定会帮助学生形成良好的阅读习惯。

第一，阅读习惯方面。习惯是人的第二天性，教学就是逐渐培养良好习惯。良好的学习习惯是最理想的学习督促者。阅读习惯是实践巩固下来的阅读方式、阅读方法和阅读程序等的统称，即适应阅读所需要的熟练的行为方式与思维定式。由于思维的趋向性有积极的一面，也有消极的一面，所以习惯也有优劣之分。好的阅读习惯能正确反映阅读能力，有利于学习，终身受用。英语阅读习惯分为阅读行为、阅读频率和阅读量。

第二，阅读行为习惯。阅读行为是指人们阅读的方式、习惯、特点等。教师应该从以下方面做起，帮助学生规范自己的阅读行为，以形成良好的阅读习惯。

一是帮助学生制订阅读计划。制订阅读计划旨在督促学生每天能够按阅读计划完成一定量的阅读任务。为了实现这个目标，要让学生养成走哪里都带书的习惯，坚持人去哪儿书就去哪儿。这样只要学生有时间，就可以随时阅读，同时还要指导学生制定一个阅读清单，里面是学生想读的书。读完一本书后，学生就可以在清单上做个记号，当整个清单上的书都读完时，学生就会非常有成就感。

二是引导学生开展定向阅读和选择阅读的习惯。定向阅读是指要按自己的兴趣、目标能力进行定向阅读。人生有涯知无涯，如果在广泛涉猎的基础上，选择一两个中心兴趣进行大量、深入的阅读，一定会起到事半功倍的效果。选择阅读是指阅读要有选择。世上图书千千万，其中大有不值一读者，有的需要浅尝辄止，只有少数需要品尝咀嚼。由于时间和精力有限，读前必须加以选择。选择阅读有两层含义：第一层含义是要读一流的书；第二层含义是要读一流作者的书。

三是指导学生做读书笔记。和读书清单一样，读书笔记不只是记录书名和作者、开始和完成的时间，还要记录好词佳句、中心思想和写作特点，更要记录所喜所想。长此以往，当学生回头翻阅读书笔记的时候，一定会获得不少乐趣。

四是指导学生掌握正确的阅读方法。阅读方法是理解阅读内容，中接收信息所采用的手段和途径。阅读方法分为不同类别和层次。按思维方法来分，有分析法、综合法、比较法、概括法、归纳法和演绎法；按文体来分，有散文阅读法、小说阅读法、诗歌阅读法、剧本阅读法、科技文阅读法；按阅读方法来分，有朗读法、默读法、精读法、泛读法、略读法、速读法；按学习内容来分，有解词法、释句法、文章结构分析法、文章主旨归纳法；按阅读笔记来分，有画重点、写标题、编写读书提纲、写读后感及读书心得；等等。教师应利用课堂时间训练学生逐一掌握这些方法，以提高他们的阅读质量。

五是指导学生掌握正确的记忆方法。阅读的一个最重要的目的就是通过阅读扩大词汇量并牢记一些佳句为交流与写作打基础，从这个意义上讲，记忆策略就显得格外重要。单词记忆、语法记忆、固定搭配记忆以及长难句记忆都离不开记忆策略。教师应教会学生运用各个感觉器官，从读其音、观其形、释其意几方面有的放矢地培养自己的观察力和记忆力，而不是死记硬背。首先，要掌握规律，一次到位。英语是表音文字，所以教师要教会学生辨认字母与发音之间的关系，将单词的发音与书写联系起来，使他们不断熟悉英语中这种音形对应关系，使学生由音知形，音形自如转换，从而提高认读能力、单词记忆能力以及单词拼写能力。其次，要词不离句，句不离篇。识记单词后，要及时结合语篇加以消化和运用，要关注词在句子中的用法和意义，这样才能举一反三，触类旁通。最后，要及时温习，反复循环。要按照记忆曲线，过一段时间把所记单词或句子温习一次，以增加与单词或句子的见面次数。这样就能做到加深印象，巩固记忆。

六是指导学生课外阅读。课堂的时间是有限的，要做到大量阅读，就要让课外阅读成为课内阅读的补充。因此，教师应有计划、有目的地指导学生进行课外阅读。教师应明确课外阅读任务，包括课外阅读的量、要达到的水平，并及时检查阅读效果。

七是指导思维方法。训练学生的思维是阅读能力要达到的一个重要目的。思维虽看不见摸不着，但绝不是无源之水，无本之木，思维训练的土壤就是语篇，所以，教师应利用语篇分析来培养学生的思维能力。在对学生进行思维能力的训练时，教师应避免纯粹的语篇知识的讲解，而应把语篇分析以问题的形式贯穿阅读教学中，让语篇分析成为学生阅读的一种手段。

八是教会学生使用词典。随学习方式的变化，学会使用词典对于每一位学生而言意义重大。使用英语词典不仅是为了获取某一单词的含义，它还有利于进入一种学习环境，以帮助学生在阅读例句的过程中掌握单词的用法。因此，教师可在课上结合词汇学习，教会学生使用词典。

第三，阅读频率习惯。频率最基本的定义就是单位时间内完成（任何重复工作）的次数。以此类推，阅读频率就是单位时间内完成阅读的次数。阅读频率是阅读量的重要保证和重要指标。近年来，英语阅读频率的研究为考量学生英语阅读量及阅读能力提供了重要的标准。高中英语阅读教学中包含大量的词汇输入、语篇输入。阅读量积累、多种文体的阅读体验与解读都是为阅读量的积累而准备的。

第四，阅读量习惯。阅读量指的是阅读的数量。大量阅读能够提高语言复现率，促进对课文内容的学习和掌握。课外阅读量对学生的综合语言能力的提高有一定帮助，对学生的阅读习惯和阅读兴趣的培养有促进作用。按照新版课程标准中有关语言技能的内容要求指标来分析，新课标规定的课外英语阅读量实际上是不高的。阅读是一切学习的基础，是学校教学的重中之重。让孩子学会阅读（learn to read）和通过阅读去学习（read to learn）是教学的核心关注点。分析近些年我国高考英语阅读理解的试题，我们可以看出，近些年高考英语试题选材更加注重题材和体裁的多样化、交际化和生活化，较为综合地反映了政治、经济、文化和生活的各个方面，阅读量逐年增大，而且对阅读速度的要求也有所提高。

第五，阅读体验方面。阅读体验包括阅读态度、阅读兴趣和自我评估三个方面的内容。

一是阅读态度。阅读态度是阅读的有效动力，主动阅读和被动阅读的结果是不同的。当人们把阅读当成一种生活态度，当人们谈论阅读时，谈论的不再是成功学、不再是升学、不再是升职时，阅读就超越了文字本身。如果学生对要阅读的内容态度不主动，那么无论教师多么努力，都不能达到满意的效果。所以，在阅读教学中端正学生的阅读态度，让他们积极主动地参与到阅读活动中来是提高学生阅读素养的关键所在。每位老师在自己的课堂中都有端正学生阅读态度的义务。

二是教师在教学中要不断强化阅读在英语学习中的重要性，从而可以端正学生对阅读的态度。教师要让学生明白阅读是英语学习过程中一个重要的语言输入过程，也是中国人学习英语的一种重要手段。缺少了阅读这一重要的语言输入过程，语言输出是不可能实现的。要帮助学生克服惰性。克服惰性是养成良好阅读习惯的重要前提条件。有学生不愿在阅读上下功夫，却总是抱怨英语难学，读不懂；也有学生总想获得英语学习的诀窍，希望一夜之间就能学好英语。但是，实际上，英语学习是一个积累的过程，需要耐心对待。

三是要让学生把阅读当成乐趣。书是人类智慧的结晶，阅读就是和大师对话、和圣贤对话，在对话中开阔视野、丰富精神世界、获得人生启迪。由此看来，阅读应该是一件乐趣，阅读可以使人愉悦身心，涵养气质，陶冶情操。

四是要引导学生把阅读与思考结合起来。阅读要多问书中或文章中的现象。如果能想明白，就会大有收获。

第六，阅读兴趣。兴趣是最好的老师。教师应在课堂中或教室里都营造出一种洋溢着书香的氛围，让学生耳濡目染，渐渐地对阅读发生兴趣，对书产生好奇心。激发学生阅读兴趣要注意以下几点：

一是定期布置一定量的阅读任务，并及时检查阅读效果。

二是教师除了给学生布置阅读任务之外，应做学生的榜样。言传不如身教，要使学生爱上阅读，教师自己应先有良好的阅读习惯，为学生树立榜样。久而久之，学生一定会受影响。

三是教师要提供交流读书心得的机会。阅读就是一个心理过程，这个过程具有交融性、思维性、情感性和实践性等特点，所以阅读应该和思考结合起来，如果一味地读书而不思考，就像吃了饭而没有消化一样。让学生阅读的目的就是从阅读中汲取营养。因此，每当学生完成阅读任务，教师应给学生搭建一个相互交流、相互学习的平台，让他们在这个平台上畅所欲言，交流思想，相互学习。通过这些交流活动，学生被鼓励和被欣赏，更大地激发了学生的阅读兴趣。

四是让学生在阅读中体验成功。阅读是一个缓慢过程，学生在阅读中的进步也是缓慢而不明显的，因此，学生也许会因感觉不到自己的进步而失去阅读的兴趣。所以，教师应该在教学中想办法让学生感受到成就感。如组织读书报告会，让学生讲自己最喜欢的一个读物或一篇文章；还可以组织朗诵比赛、演讲比赛、阅读沙龙等，让学生在展示自己成果的同时体验成功，为更长久的阅读打基础。

五是教师布置的阅读任务和内容要贴近学生的生活和学习。如果让阅读任务远离学生生活，学生会不感兴趣，也就不会喜欢阅读。一个班上学生的兴趣爱好是多样的，所以，教师在布置阅读任务时要尽量满足不同兴趣爱好的学生的需求。

第七，自我评价。在学习过程中，学生既要成为学习的主体，也要成为评价的主体。学生作为评价过程的主要参与者，学生应在教师的指导下，学习使用适当的评价方法和可行的评价工具，积极进行自评或互评，以便及时发现自己学习中的具体问题，促进自我监督式的学习，并在自评或互评中不断反思，取长补短，总结经验，调控学习，把教学评价变成主体参与，自我反思、相互激励、共同发展的过程和手段。在具体实施过程中，教师应注重不同评价活动之间的整合性和关联性，突出评价任务和内容的实践性和发展性，重视学生的全员参与和共同进步。需要注意的是，学生的自我评价内容因人而异、因课而异，内容是动态的，形式是多样的。学生可自问自答或互问互答，也可采用问卷调查，撰写反思日记等。

2. 高中英语阅读教学特点

（1）高中英语阅读内容的特点。从对高中英语教材的把握而言，高中英语教材中几乎包括了各种文体，具有多样性和现代性，其多样性表现为：①文章涉及多个领域，如语言、经济、文学、科技等；②体裁有说明文、记叙文、议论文；③语域的多样性，所选文章既有书面体文章，也有语体口语化乃至俚语化的文章。因此，高中英语的阅读内容具有篇幅长、生词多、句法多样化等特点。

（2）高中英语阅读方式的特点。高中英语阅读一般分为精读、泛读和略读：①精读，要求学生毫无遗漏地仔细阅读全部语言材料，并获得对整篇文章深刻而全面的理解，在精读课本中，每篇课文后的词汇、语法、句型及注释都应仔细领会。②泛读，也可称为普通阅读，要求学生读懂全文，对全文的主旨大意、主要思想和次要信息及作者的观点有明确的了解。对全文只做一般性的推理、归纳和总结，无须研究细节问题和探讨语法问题。但要求阅读速度高于精读速度的一倍。③略读，是一种浏览性的阅读，学生以他能力达到的最快速度浏览阅读材料。略读无需通读全文，只跳跃式地读主要部分，目的是获取全文的中心思想和主要内容。

3. 高中英语阅读教学的过程

阅读活动可以分为读前、读中和读后三个环节。读前活动的主要目的是为下一步的阅读做准备；读中活动是阅读的主体部分，是学生获取信息和语言积累的过程；读后活动是围绕阅读而进行的输出性活动。如果说读前和读中环节是学生从外部获取信息和语言的过程，是语言输入过程，那么读后环节则是将存储于大脑中的信息和语言转化为外部语言的过程，是语言输出过程。从获取到转化看似简单，却是认知层面的飞跃。

（1）高中英语阅读教学过程——读前活动。读前活动，即阅读前的准备活动，主要是调动学生已有知识和经验，为输入新知识和培养新技能做准备。活动主要分为：话题方面的，如激活大脑已有图示、介绍背景知识等；情感态度方面的，如激发阅读动机等；语言方面的，如预教所需词汇等。读前活动旨在帮助学生在阅读时获得最大的阅读量。在读前活动中，教师应从以下方面帮助学生做好阅读前的准备：

第一，培养学生的联想能力。语言的社会性决定了文化在人际交往中的重要性。语言意义的理解在很大程度上依赖于对文化传统和风俗习惯的理解。文化背景知识是理解特定语篇所必须具备的外部世界知识，文化背景知识对语篇理解的影响大于语言知识，缺乏背景知识会造成阅读理解障碍。阅读理解不是一种简单的语言信息解码过程，而是解码过程与意义再构建的结合。阅读的最终目的在于确定话语表达的主题。只有把使用语言知识体系和非语言知识系统的过程有机地结合起来，阅读者才能最有效地获取知识。因此，教师应在阅读前激活学生相关话题的背景知识，建立已有知识和新知识之间的联系。

第二，培养学生的预测联想能力。"图式"是不断积累起来的知识和经验的结构。在认识客观世界、解释客观世界时人人都在自觉或不自觉地使用着"图式"。就阅读理解而言，储存在大脑中的原有知识图式可以帮助读者预测特定上下文的内容。对于语言材料的理解就是利用语言信息和背景知识来重新构建语言材料的含义，那么有意识地训练学生对于"图式"的重视就显得尤为重要。所以，教师在阅读前要创设情境激活学生大脑中的相关知识图示，培养学生的预测联想能力。

第三，培养学生的阅读兴趣。阅读动机是推动人们进行阅读的内部动因。阅读动机大致分为两种：内在阅读动机和外在阅读动机。内在阅读动机所指的是为满足自己的求知欲和掌握知识而阅读。外在阅读动机指基于其他原因而阅读，如未得到高分或他人的称赞。两种动机性质不同，阅读效果也不同。教师的职责就是在阅读前激发学生的内在阅读动机、调动学生的阅读兴趣，使他们带着极大的热情去阅读，并对阅读产生强大的内在驱动力，朝着阅读、阅读、再阅读的方向前进。

第四，读前预教所需词汇。在阅读中，学生可能会遇到生词。教师需要把影响学生理解而又不能通过上下文语境猜出词义的词汇在读前预教掉，以便学生在阅读时能将注意力放在语篇意义的获取上，而不是被个别词汇所难而止步不前。而对那些可以在阅读过程中通过上下文语境猜测出其意的词汇，教师应加以保留，放在后面的读中活动中处理，以培养学生猜测词义的策略。

（2）高中英语阅读教学过程——读中活动。读中活动，是阅读课中最核心的环节，也是阅读课最重要的语言输入过程。在这一过程中，教师不仅要让学生学会语言知识，还要着重提高学生领悟文章的文化内涵，用英语获取信息和处理信息的能力以及分析问题和解决问题的能力，同时还要采取适当的阅读教学策略使学生掌握必要的阅读方法和策略。读中活动主要包括信息提取、加工和处理的活动，对文本进行深层理解的活动，培养阅读策略的活动以及学习语言知识的活动。

第一，提取、加工和处理信息。提取信息的能力是理解性技能的重要内容之一。学生在阅读中若要获得大量的信息，就需要在诸多信息中分辨主要信息和次要信息，分清论点和论据，从而快速提取出主题句和支持句等有用信息。除此之外，还要对这些信息进行加工、处理。阅读便是培养学生运用英语提取、加工和处理信息能力的重要途径。

信息提取，从字面意思来理解，即从阅读文章中获取信息。但由于信息的类型不同，如主要信息、特定信息和细节信息，所以人们提取信息的层次和方法也就不尽相同。例如，我们可以通过略读（skimming）的方式，快速阅读文章的首段、末段以及每一段的首句，获取文章的中心思想。掌握文章的中心思想后，我们可以通过扫读（scanning）的方式，找到特定信息，如数字、时间表、电话号码或新闻标题等。但若想提取细节信息，用上述两种方式是不行的，细节信息的提取必须通过细读文章才能完成。细节信息的处理在阅读中是最花时间的，融合了信息的提取与整理、语言的渗透与学习、策略的培养与应用等多重阅读任务。

信息加工与信息处理是将复杂的书面信息转化为简单的、容易记忆的信息，这个过程是信息转换的过程，学生需要采用某种转换方式以实现信息的转换。信息转换的方式多种多样，较为常见的转换方式有图片、绘画、表格、地图、饼状图、柱形图、时间轴以及思维导图，其中思维导图是较为有效的信息转换方法，可应用于记忆、学习、思考等方面。

思维导图作为表达发散性思维的有效图形思维工具，是一种可以将思维形象化的方法。它运用图文并重的技巧，把各级主题的关系用相互隶属与相关的层级图表现出来，使主题关键词与图像、颜色等建立记忆链接，帮助学生理清思路，认识事物的特征和关系。思维导图充分利用左右脑的机能，利用记忆、阅读、思维的规律，协助人们在科学与艺术、逻辑与想象之间平衡发展，从而开启人类大脑的无限潜能。

教师可以将思维导图用于阅读教学中以帮助学生对语篇中的信息进行加工与处理。思维导图并不适合直接应用于学科教学，因为思维导图过于强调图像记忆和自由发散性联想而非理解性记忆和结构化思考，属于一种浅层的学习。基于学科知识的特性，学科教学必须强调理解性记忆和结构化思考；同时，由于所学知识越来越抽象和复杂，就更要强调理解的深度而非记住的速度。正是基于这样的思考，把概念树、知识树、问题树等图示方法的优势嫁接过来，同时将结构化思考、逻辑思考、辩证思考、追问意识等思维方式融合进来，把思维导图转化为学科思维导图。所以教师在应用思维导图时应综合考虑这些因素。

第二，对文本进行深层理解。新课程高中英语阅读教学的重点之一就是通过英语阅读提高学生的思维品质，提高学生在逻辑性、批判性、创造性等方面所表现的能力和水平。新课程理念下的高中英语阅读教学应帮助学生实现两个过渡：表层理解向深层理解的过渡、语法分析向语篇分析的过渡。只有实现这两个过渡，学生的高阶思维品质，如分析、综合、评价等能力才能得到提高，学生才能成为具有高阶思维能力、具有较高阅读能力的人。

高阶思维是发生在较高认知水平层次上的心智活动，或是较高层次的认知能力，它在教学目标分类中表现为较高的认知水平层次的能力，如分析、综合、评价等。促进学生高阶思维能力的发展是知识时代的发展对人才素质的要求，也是面向知识时代教学设计研究最为重要的课题之一。思维能力，就像人的行走能力一样是每个正常人与生俱来的。但是，良好的思维能力是一种技术，是技巧上训练的结果。但问题是英语教师是否对高阶思维的特点有深刻的认识，是否有发展学生高阶思维能力的意识，并据此与英语课程内容和教学方式整合起来，设计相应的支持条件。研究发现，探究或发现学习方法，如合作小组学习，讨论、案例学习，问题求解学习活动等有利于发展学生的高阶思维能力。其中发现学习，能比较有效地促进学生高阶思维能力的发展。有学者提出，要发展学生高阶思维能力，教师应当设计让学生投入分析、比较、对比、归纳、问题求解、调研和创造等系列学习活动中去，而不仅限于要求学生回忆事实性信息的活动。例如，在英语课堂上，教师可引导学生对语料进行以下活动：第一，信息评价：判断观点及信息的可靠性，识别推理中的谬误和错误，验证观点和假设。第二，信息分析：将事物分类，识别观点背后的假设，识别中心思想，找出信息中的顺序。第三，观点贯通：比较、对照相似点和不同点，分析或展开某一观点、结论或推理，从普遍概括性或原理推演到具体事例，从数据推断出理论或原理，识别因果关系或预测可能的结果。

上述活动不仅使学生的综合技能，如类推思维能力、总结大意和结构的能力、事件与预期结果的关系假设能力、计划某一过程的能力得到发展，而且也使学生对过程、结果和可能性的想象能力，包括流利表达或产生尽可能多的观点、预测由某些条件引起的事件或行为，对可能性进行思辨和怀疑、视觉化地产生心理图像或心理预演行为、观点的灵感顿悟或预感等能力得到发展。与此同时，学生加工信息，对信息赋予个人意义，通过增加细节和事例扩展相关信息，修改或更改想法，将观点用于不同的情景以发展观点，通过举例使普遍的观点具体化等能力也得到了培养。

阅读是培养学生思维能力的重要途径。在阅读中，教师不仅要培养学生理解表层意义能力，还要着重培养学生的深层理解能力和评价性理解能力。在记忆、理解、应用语篇知识的基础上，通过分析、比较、归纳等让学生学会理解语篇所蕴含的深层含义。在设计教学时，教师应在课堂提出的问题上下功夫，把问题作为培养学生高阶思维品质的抓手，潜移默化地影响学生思维能力的发展。教师应根据布卢姆的教学目标分类学，有层次地设计六类问题，即识别记忆型问题、理解型问题、应用型问题、分析型问题、评价型问题和创新型问题。

一是识别记忆型问题是关于是哪些（What）、哪些时候（When）以及怎么样（How）

的问题。这类的问题要求学生根据事实，通过回忆和再现进行回答，目的是再现所学知识，防止遗漏，属于低层次的问题。例如，故事发生的结果如何。

二是理解型问题是学生必须经过深入的思考并用自己的语言清楚表述的问题。例如在学习了新概念、新知识之后，为了帮助学生更好地理解所学知识，教师可以提出一些不太复杂的问题，促使学生对所学概念或知识有比较清晰的理解，这类问题的回答要求学生对所学知识进行一定程度的加工、转换或解释。

三是应用型问题是要求学生把所学知识用到新情境或新领域的问题。回答这类问题学生必须进行较为深入的思考。

四是分析型问题是要求学生运用多种材料进行验证的问题。这类问题的回答需要学生分析、厘清事物之间的相互关系。

五是评价型问题是要求学生根据一定的准则和标准对事物做出价值判断的问题。这类问题属于开放式问题，往往没有标准答案。例如，你认为袁隆平是一个怎样的人。

六是创造型问题需要整合已有的知识解决问题。这类问题要求学生超越对知识的简单回忆，运用自己的想象力和创造力对原有知识和经验进行重新组合，产生一些独特、新奇的答案。这类问题没有标准答案，较为宽泛。例如，成功的条件有哪些。

上述问题的设置，能多维度、多层次培养学生从文本中获取信息、与文本交流对话的技能或策略，促进学生的思维发展，让他们能够更好地适应未来学习、工作和生活的需要。在具体操作中，教师应清楚这六类问题的层次，有意识地减少低层次的问题，如记忆型、理解型问题，适度增加应用型、分析型、评价型和创新型这四类高层次的问题，以培养学生的思辨能力。例如，在学习 A pioneer for all people 这一课时，我们可以设计下面问题：

Do you think Yuan Longping is a great man?（这种是评价型问题）

Why can he make such a great achievement?（这种是分析型问题）

What kind of qualities should we develop if we want to be successful? （这种是应用型问题）。

第三，学习语言知识。任何语言都有一定的语法表现形式，都是通过一定的语法结构表现出来的。词是组成语言的最基本单位，是建构句子的基础，所以，词法学习和句法学习是语言学习的内容之一。在阅读课上，尽管词法、句法不应作为教学的重点，但是接触新词和新的语法结构是不可避免的。教材选编的语篇和普通阅读文本的不同之处就是在传递信息的同时，还承载着高中学习目标语言的任务，即承载着学习词汇和句法结构的任务。因此，教师在引导学生理解语篇内容的同时，要及时对语篇中出现的生词和新的句型进行处理。

一是在语篇阅读中出现的生词。在阅读活动中，对于那些能够通过上下文语境猜出词义的词汇，教师应鼓励学生运用上下文线索进行猜测并理解其词义、掌握其用法。这既是一种阅读策略，也是一种重要的词汇学习策略。对于重点词汇，教师还可以提供更多的语境以帮助学生理解和强化所学知识。

二是在语篇阅读中所出现的语法结构或长难句。语言学习除了词汇积累外，还包括句法知识学习，因为影响语篇理解的因素除了词汇，还包括句法结构。句法结构的理解是正确理解语篇意义的前提条件，只过词法关，不过句法关，也会在文本面前一筹莫展。所以在阅读教学中，应将句法结构的学习融入阅读训练中。教师通过分析语篇中的句法结构和长难句，帮助学生掌握该句法功能，使学生更好地把握语篇的内涵，让学生学会用语言做事。

在进行句法教学时，教师应该帮助学生学会如何敏感阅读，即在阅读教学中，教师应指导学生既关注语篇中的意义，又关注语篇中的结构。关于在阅读中进行句法结构的学习，在理解意义的基础上关注其句法结构。具体分为四个步骤：第一步，Reading Task，初读语篇，理解语篇意义；第二步，Noticing Task，识别并填空，教师将刚才学生读过的语篇中有关句法结构的句子设空，让学生根据记忆去填空；第三步，Consciousness-raising Task，在老师的帮助下，学生分析、比较原文和填空后的句法结构，总结该句法结构是如何构建的以及具有何种表意功能；第四步，Checking Task，教师提供另一篇含有同样句法结构的语篇，让学生完成另一个任务，如改正文中的错误，以检测他们是否真正掌握了该句法结构的意义和表意功能；第五步，Production Task，学生进行输出活动，以起到强化、巩固的作用。此外，语法发现法（Grammar-discovery Approach）也是近些年使用频率较高的一种方法。这种方法要求教师给学生提供一篇阅读材料，该阅读材料突出一种句法现象，如被动语态。教师先要求学生理解语篇的意义，然后让学生分析语篇中带被动语态的句子，进而对被动语态的结构和功能进行归纳总结。

语言学习的顺序应该是从预习（engage）到学习（study）再到运用（activate），其中，学习（study）环节和语言焦点（language focus）一样，都是让学生在接受了一定的语言输入的基础上再对语料中所使用的语言现象进行分析，以总结其语言现象的结构和功能。与传统语法分析法不同的是，上述语法教学法提高了学生分析问题的能力，如果教师能长期按照这几种方法进行语法教学，学生分析问题和解决问题的能力就能得到发展。上述语法教学方法还有一个好处，那就是让学生学到了真实语境下的鲜活的语言，因为语言不是静止不变的，而是始终处于变化过程中的。同一结构用于不同场合可能会产生截然不同的意义。这几种方法让学生明白了语言的意义会因时因地而变化，所以学习语言知识时应注意语境的变化。

（3）高中英语阅读教学过程——读后活动。读后的活动是阅读课的输出性活动，是对语言知识与技能进行巩固和综合运用的过程。在这一过程中，教师既要设计出基于文本信息的输出活动，也要设计出高于文本信息、结合学生生活实际的输出活动，以达到学以致用的目的。常见的读后活动有复述课文、角色扮演、填空练习、讨论、写作等。在设计读后活动时，教师应关注以下方面：

第一，关注文本话题和内容。阅读语句是阅读课的教学之本，而读后的活动则是在完成阅读任务的基础上，设置与语篇话题相关的、帮助学生就获取的信息进行表达的活动。因此，无论是在话题上还是在表达的内容上，读后活动都不能脱离阅读文本。就输出的话题和内容而言，读后活动既要围绕阅读文本的话题和内容展开，也要联系学生生活实际，解决学生实际生活中的问题。例如，在学完《安妮日记》后，教师可让学生进行两人一组活动，一位扮演安妮，一位扮演节目主持人，对和友谊有关的内容进行问答。这种活动既不脱离阅读主题，又能让学生在较为真实的语境中表达个人思想。

第二，关注当堂所学语言。读后活动不仅是信息转述，还要为语言表述搭建平台。经过读前、读中若干活动，学生已经几次接触和使用了目标语言知识。因此，在设计读后活动时，教师应考虑引导学生运用所学语言和所获取的信息，结合新的情境进行表达，巩固所学语言，发展思维能力，以体现教学的有效性。就语言而言，读后活动要创设新情境，使学生能够运用文本所学语言知识。

第三，关注读后活动的层次性。就活动的层次而言，读后活动应在基于文本信息的基础上，适当拓展学生思维的深度和广度。由此，我们可以把读后活动分为两个层次：基于阅读文本基本信息进行表达的读后活动和利用阅读文本中所获取的信息和学到的语言综合性地表达自己看法的活动。第一个层次是最基本的读后活动，思维挑战性较低；第二个层次是较高层次读后活动，应体现学生思维在逻辑性、批判性、创新性等方面所表现的能力和水平。教师在设计读后活动时应充分考虑学生的认知水平和能力水平。对于思维能力较低的学生，教师应设计一些基于阅读文本基本信息的读后活动，让他们进行简单的语言转述；而对于思维能力较高的学生，教师则应为他们设计较高层次的读后活动，使他们借助阅读文本信息综合性地表达自己的观点和看法。如果时间允许的话，教师应尽量兼顾两个层次的活动。

第四，关注真实语境的创设。学习语言的目的是如何使用语言，所以教师要帮助学生发展将阅读中所学到的信息应用到真实情境中的能力。为此，教师在读后阶段应围绕阅读语篇的话题创设相对真实的、贴近学生生活的读后活动，激发他们表达的兴趣，目的是让他们明白，学习语言不是为了考试，而是要用语言做事，用语言进行沟通，用语言表达个人情感。

（二）高中英语阅读教学的策略

1. 熟悉教材，精心备课

如果教师不理解、不熟悉教材，是难以驾驭教材的。同样，在具体的阅读课文教学中。殊不知每篇文章的题材不同、体裁各异，阅读目的也就有所不同，需要根据具体情况采用不同教法。上课之前往往在黑板上设计一个表格，或画一幅图，在教学过程中要求学生把一些主要的信息填入其中，并以此为线索，组织学生复述或复习课文。虽然他们课上得很轻松，课前却做了大量的准备。因此，在上课之前，对本课的教学内容、方法、要求要做到心中有数，这是教好阅读课的基础。

2. 转变观念，鼓励引导

提高课堂教学的有效性，教师必须转变教学观念、创新教学模式。新课标要求下的课堂教学实践要体现学生的主体性，即让学生自主实践、自我发展，提出问题，在教师引领下解决问题，教师成为课堂学习的参与者、指导者。因此，在课堂教学中，教师必须紧紧抓住"善导""激趣""引思""精讲"这四项教学要素，充分发挥教师在课堂中的主导地位，教师要把以"教"为重心逐渐转移到以学生的"学"为重心。教师要注重教学过程中教师主导作用与学生主体作用的协调与统一，尊重学生的主体地位，激发学生的主体意识，把研究指导学生的学习方法放在十分重要的位置，着力培养学生主动学习、自主学习的能力，让学生自主探索，自己去发展，逐步引导学生掌握自主学习的方法，培养自主学习的习惯，真正实现让学生"自求得之"的目的，以此提高学习效率。阅读教学可分成三个阶段，即阅读前阶段（pre-reading），阅读中阶段（while-reading）以及阅读后阶段（post-reading），每一个阶段都要有所侧重。

（1）阅读前的知识和心理准备。在阅读前阶段，我们可以让学生做些准备活动，构建语境互动模式，刺激学生头脑中固有的、与该阅读材料题目相关的知识，提前弄清某些词的含义，补充学生缺乏而又必需的一些相关的背景知识。同时，我们可以尝试将阅读前的准备放到有一定交际性质的课堂活动中进行。针对文章的难度，或是介绍有关的背景知识，或组织学生进行集体或分组讨论，或就文章内容提出一些预测性的问题，或是布置读后需要解决的问题等。以上活动的开展都不是单一和不变的，而是要根据情况灵活掌握，综合应用，并牢牢把握一个原则，即以学生为中心，尽可能充分发挥学生的主观能动性。

（2）阅读过程中的指导。阅读教学的交际化需要从阅读目的、理解深度和理解方式诸方面给学生以指导。对学生阅读过程的指导应尽可能根据各种不同的体裁设计不同的阅读要求，培养学生各种阅读技能。例如，在阅读记叙文时要抓情节；在阅读说明文时，应要求学生抓住事物的特点，即抓住说明对象的本质特征；在阅读议论文时，我们要抓住论题、论点、例证及结论。

在阅读记叙文时了解了这六要素，接着按照线索弄清事情的来龙去脉，就能理解整个故事，读懂这篇文章了。如果学生阅读篇幅较长的文章，可以指导他们运用阅读"三读法"，对所读材料的内容有大概的了解，也可用研读的方法，即阅读全文，了解文章中的表层意义与深层意义，指导学生在阅读中进行预测、想象、推论、判断、对比、归纳、总结等。在同一篇文章中，也可以根据理解层次的需要而采用不同的阅读方式。在阅读中，教师应鼓励学生积极运用语言、社会文化等方面的知识，帮助其理解阅读材料。

（3）阅读完成后的活动。通过前两个过程之后，学生对背景知识和阅读材料提供的信息都有了完整框架。教师应用交际化的手段巩固和提高学生掌握信息的准确性和完整性，并在此基础上鼓励学生运用所获得的信息与同学进行交流。

第一，教师应设计出一定数量的问题让学生读后解答，用以核实学生所获信息的准确性，发现阅读过程中的理解偏差。这些问题应包括对文章大意、关键句子的理解（字面意思和隐含意思）、词义的猜测等。

第二，练习形式可以是口头的，也可以是书面的。练习方法可以采用小组讨论，也可以单独提问，两者相互补充，都应尽可能覆盖阅读材料中的语言信息（词汇、句法、修辞等）和社会、文化背景。教师的作用还应体现在对阅读材料内容的筛选上。教师应针对不同的文章，向学生提出重点掌握的语言点和修辞等方面的知识。

3. 教学节奏加快，信息容量增大

在信息时代，知识的密度和深度在不断增加，整个社会的生活节奏也在不断加快。老师必须在有限的课堂时间内让学生掌握更多的信息。

（1）学生的阅读主要在课内进行，但要使学生获得教学大纲所规定的较强的阅读能力，必须在课堂上安排多种形式的阅读技能训练。在有限的时间内，适当加快教学节奏，才能提高阅读教学的效果。

（2）从心理学的观点分析，节奏感强的教学活动往往能吸引学生的注意力，而松垮的课堂教学则难以激发学生的兴趣。实践证明：节奏快、结构合理、形式活泼、训练充分的阅读课堂教学会使学生在紧张的气氛中感到英语学习的生气和活力。

（3）加快教学节奏，才能为学生赢得大量的实践机会，课堂教学的内容也就得到充实，课堂教学的密度也就自然会增大，这样既有利于训练学生的思维能力，又有利于老师把知识引向一定的深度。总而言之，在阅读课教学中既要把握阅读方法又要把握学生的心理，要培养学生用英语思维的能力，让学生学会抓住作者的意图，从而领会文章的精神实质。如果教师在阅读课上不断地渗透这些思想，坚持不懈地培养，那么一定能大幅度提高学生的阅读能力。

4. 提高词汇量，重视阅读量的积累

教师应督促学生加大词汇量和阅读量，鼓励他们多读、多写、多记，同时传授一些词汇记忆方法，如文章中记忆法、联想记忆法、造句记忆法、构词记忆法等。教师可以系统讲授一些词汇学习理解方法，如利用词缀猜测生词的含义；利用上下文来推测词义；利用近义词、反义词、同类词来比较词义；通过加大阅读量来巩固词汇等。同时注意一词多义，引导学生掌握词汇的派生、合成和转化等构词法知识，建立起便于记忆和应用的新图式，扩大词汇量。

5. 掌握快速阅读技巧，传授高效率方法

（1）跨越生词障碍。跨越生词障碍可以通过猜测词义来解决，猜测词义的方法有很多，如根据语境、定义标记词、重复标记词、列举标记词以及同位语、同义词、反义词或常识等。但这些方法都离不开两个方面：一方面是学生的文化修养，即语言、文化素质；另一方面是通过全局识破个体的能力，这就要求学生不断扩大自己的知识面，懂得社会、天文、地理、财经、文体等科普性知识。

（2）浏览所提问题，带着问题读文章。一般而言，作者根据自己的意图和思维模式，通过一定的语言手段，把分散的、细节的、具体的材料组织在一起，在训练或测试中，命题者往往采用多种方式进行提问，有直接的和间接的，但无论如何，命题范围和思想基本与作者一致。学生应先了解问题的要求，带着问题和所需的信息去查询，以提高阅读速度。

二、高中英语写作教学及策略

（一）高中英语写作教学的体系

1. 高中英语写作教学的原则

英语写作教学是非常重要的教学手段，它重视学生英语能力的培养、综合素质的提

高，而不是一种机械模仿能力的培养。写作的综合性很强，它把词汇、语法、句型等知识进行融合，从而促进学生英语水平的提高。经常进行写作，其书面表达能力、口语表达能力也会随之提高。在教学过程中，教师要以学生为中心，以培养持续性写作能力为目标。在写作教学中，须遵循以下七条原则：

（1）写作教学的层进原则。学生要想奠定良好的写作基础，首先要从单词、句子的写作抓起，逐步向语篇过渡。词是英语写作中的最小单位，词按照一定的规则排列，就形成了句子，人们借助句子相互传递信息、交流思想。当句子按照逻辑相关性系统排列时，就形成了语篇。高中英语写作分阶段教学，大致分为以下 10 个阶段：①写简单句；②写复合句；③段落的组成及要点；④段落的发展方法；⑤文章的文体类别；⑥文章的结构；⑦写作步骤；⑧写作的书面技术细节与修辞手段；⑨范文分析和题型仿写；⑩独立撰写实践。

（2）写作教学的对比原则。在每一个具体的问题——词形、词意、语法范畴、句子结构上，都尽可能用汉语的情况来跟英语比较，让他们通过这种比较得到更深刻的领会。可见，了解母语和英语的区别，对我们的写作有很大的帮助。对于中国的学生而言，英语写作中，如果不具备完善的用英语进行解码和编码的能力，而具备相当程度的中文写作能力，这种能力会自动、机械地迁移到英语写作过程中，从而产生中式英语。

（3）写作教学的系统原则。目前高中英语写作教学中存在的最大问题之一就是整个教学过程缺乏系统性，主要表现在四个方面：第一，无系统的教材。目前还没有一套专门而又系统的写作教材，写作大都安排在每课的最后，教师鉴于时间的关系，往往以布置作业的形式完成写作教学，这根本就不能达到提高写作教学的目标。第二，无科学的教学计划。针对大纲规定的教学目标，教师没有制订科学的教学计划，使得教学目标的实现没有可靠的保证。第三，无具体的时间保障。由于课时有限，写作不单独设课，而只是附带在阅读课或是口语课中，于是写作教学就变成了一个随意的过程。常常是教师发现剩下点时间，于是任意指定个题目，让学生写篇作文。第四，无系统的练习。要想写好文章，必须建立在大量材料的基础上，进行大量的系统的练习，并且掌握写作的基本方法和技巧，这样写起来才能得心应手。这些问题都亟待解决，否则肯定会影响英语写作教学的效果，学生的写作能力也很难得到提高。

（4）写作教学的优化原则。重内容的教学模式对学生的语言能力要求比较高，因而不适合在低年级中使用；重过程的教学模式强调写作本身的过程性，因而不失为一种比较科学的教学模式；重结果的教学模式是一个不可取的教学模式，因为它缺乏对写作过程的监控，不利于写作能力的培养；而小组合作教学模式是新课程背景下的教学模式，不仅体现了以学生为中心，还激发了学生的写作热情。这些都给教师一些提示和参考，教师在具体教学中要根据学生的实际水平，进行有选择的运用。

（5）写作教学的任务原则。传统写作教学的缺陷是语言脱离语境，脱离功能，导致学生能建构准确的语言形式，但不能以这些形式得体而完整地表达意义。任务化教学是让学生完成一系列的任务，从而达到教学目标，让学生在执行任务中充分感受语言形式和功能的关系以及语言与语境的关系。把写作与学生的实际任务需求联系起来，如让学生写求职信、个人简历等，这些与其未来生活、工作都有关的内容，可以让学生体会英语的实用性，激发学生参与的热情，并开发学生的潜能，进而发挥学生的创造力。

（6）写作教学的综合原则。在英语教学中，有"听说领先，读写跟上"的说法，一堂生动有效的写作课实际上应是听、说、读、写的综合运用，因为听、说、读、写是相辅相成，互相促进的。在写作课上，教师要选择优秀作文进行评价，学生在听的过程中既练习了自己的听力，又找到了自己写作中存在的问题。无论是写前的准备，还是写后的编辑和校读，都离不开听、说、读，可以说，听、说、读不仅是写作教学的跳板，还贯穿整个写作活动的始终。把听、说、读、写紧密结合，不仅可以对学生进行多元化的能力训练，还能使学生的各项能力互相影响、互相渗透、互相促进。

（7）写作教学的多样原则。多样原则是指坚持训练形式的多样化。一般在写作教学中，应让学生进行缩写仿写、扩写改写、情景作文等练习，让学生逐步掌握写作的技巧。对于缩写，可以按照关键词思考—讨论—动笔这样的思路进行，将课文中关键词穿起来，写出本课的主题或中心思想。关于仿写，可以让学生先观察，再临摹，然后自主写作，进而到熟练。扩写有助于培养学生的想象力，但要求学生想象合理，做到符合原意，符合实际。教材中的很多对话都可以成为改写的素材，这不仅有助于学生研读原文，更有助于学生把握文章的中心思想。情景作文能培养学生的综合能力，它要求学生把平时所学的知识点滴积累，提炼并转化为带有感情色彩的优美的文字语言。每种练习形式各有优点，只有多做这方面的练习，学生的写作水平才能真正地提高。

2. 高中英语写作教学的实践

听、说、读、写是学生在英语学习中必须掌握的四项基本技能，其中写作是检验学生英语掌握水平的重要指标，也是学生综合英语能力的体现。现阶段，写作越来越成为英语教学的重点内容。但从当前的教学实际来看，很多高中英语教师只重视教学结果而忽视了教学过程，在这种教学模式下，学生只有输入，没有输出，影响了英语能力和英语素养的发展。"高中英语教师可以尝试运用过程教学法开展写作教学，突出学生的主体地位，将写作教学转变为学生思维创作和思想交流的过程，将教师的指导贯穿写作教学的整个过程中，提高写作教学效果。"① 还要更新教学观念，注重转变自身角色，由传统课堂的主导者变为学生写作的引导者，从对写作结果的关注转变为对学生写作过程的关注。

（1）高中英语写作教学实践的价值

第一，培养良好写作习惯。在以往的写作教学中，大部分英语教师都是直接给出学生题目，然后在简单带领学生分析完题目后就让学生开始写作，存在对学生写作思路引导不足的情况，忽视了对学生写作过程的指导。甚至还有的教师给出题目后直接让学生写作，导致学生写出的文章逻辑混乱，缺乏系统性和条理性，思想内涵也不够深刻，使写作成为学生英语学习的负担。应用过程教学法后，英语教师的指导会贯穿整个写作活动，用一系列生动、有趣的教学活动，更好地调动学生写作的积极性与主动性，从而实现对学生写作思维的有效激活，使学生形成英语写作的良好思路。帮助学生养成良好的写作习惯，促使学生的英语写作能力得到进一步提升。

第二，提高学生合作意识。传统的写作教学以教师为中心，从选取写作题目、谋篇布局到写作批改都是按照教师的主观意识进行，学生在英语写作中是被动的，即使有自己的想法和意见也得不到关注，不能展现自己的个性和风采，阻碍了学生创新思维的发展。而在英语写作教学中有效地应用过程教学法，能突出学生的主体地位。教师不再是写作教学的控制者，而是学生写作过程中的示范者、激励者和支持者，师生、生生之间的交流合作更加频繁，营造出一种自由、民主的课堂氛围，有效提高了学生的合作意识。过程教学法的重点放在学生的写作过程上，增进了师生间的关系，学生写作的主动性和思维的创造性得到了有效的开发，使写作成为一种交际活动，促进学生的健康成长。

第三，促进学生自我反思。在写作评价中，英语教师只注重对学生写作结果的评价，缺少对写作过程的评价，这样的评价缺乏全面性和客观性，学生从教师的评价中看不到自己写作过程的不足。过程教学法的应用改变了这一局面，注重评价学生的写作过程，明确学生的优点和不足，帮助学生在充分理解吸收的基础上改进自己的写作成果，提升写作功底。评价主体更加多元化，除了教师评价外，鼓励学生进行自我评价、小组互评、学生互评等，使写作评价更加全面、完善，促进学生的自我反思，找到自己下一步学习的方向，增强英语写作的深度和广度。

（2）高中英语写作教学实践的特点

第一，写作是一个输出和检验的过程。学生要有一定的信息输入——对体裁、内容都要有一定的了解，同时无论是课后还是课中，学生都应有一定的阅读量，积累丰富的词

---

① 王海斌. 过程教学法在高中英语写作教学中的应用研究［J］. 学周刊，2022（24）：54.

汇、句型和语法，才能在写作课上游刃有余。换言之，写作能够检验学生平时的知识积累程度，检验学生对语法的掌握和词汇的运用等。

第二，写作是循序渐进的过程。写作要求学生进行丰富的联想，发现题材并将之组织成文。要想提高写作水平并不是短时间能够做到的，还需要多阅读、多分析，反复练笔。因为，写作的过程并不是简单地记录所看到或所读到的内容，而是用另一种语言表达自己的思想的过程，其中涉及遣词造句、文章架构以及段落的衔接等方面的问题。

（3）高中英语写作教学实践的阶段

第一，写前的阶段。

一是创设情境，激发写作兴趣。写作前的准备是英语写作过程中重要的阶段，也是最容易被教师和学生忽视的环节。灵活多样的写前活动可以启发学生的思维，激发学生的写作兴趣，帮助他们完善写作思路。高中英语教师可以围绕写作目标展开教学，利用多媒体为学生展示与主题相关的图片、视频、音频等，丰富学生的感性认识，让高中生对写作产生兴趣。英语教师可以为学生展示生活中的场景和生活画面，创设生活化的教学情境，唤醒学生已有的生活经验，拉近写作与学生之间的距离，让学生在写作中有机融入自己的生活经历与感悟，解决无话可写的问题。高中英语教师还可以设计有趣的游戏活动，吸引学生参与，活跃课堂氛围，让学生在游戏活动中获得真切的实践体验，这样写作时才会有真情实感。在游戏化的情境中，高中生一边参与游戏，一边深入理解写作的内涵，能够全方位、多角度地展示才华，获得更多的感性认识。高中英语教师还可以在写作中加入阅读，在写作前让学生阅读一些与写作相关的文字材料，学生可以将自己的感受和有用的信息资料记录下来，调动学生内心的积极情感，为接下来的写作酝酿情绪，积累素材，产生表达的渴望。

二是明确主题，丰富写作内容。在写作中，无论多么华丽的词汇、多么工整的篇章结构都是为呈现作者的中心思想服务的。明确写作主题是英语写作成功的关键，在写作前要对主题进行详细的研究，避免出现跑题现象。高中英语教师在英语教学中要加强审题、立意方面的训练，帮助高中生养成良好的英语语感和思维，提高英语写作的积极性。高中生之所以对作文产生厌烦情绪，主要原因在于审题不清，不能准确把握作文的写作方向，写出的作文毫无营养。因此，在拿到英语写作材料时，高中英语教师要指导学生抓住题干本质，挖掘题干的内涵，并在题干的基础上进行适当的联想和拓展，明确写作主题、写作目的、写作的信息点、信息点的逻辑顺序、锁定时态等，建立写作的逻辑，让每一次写作都能成为学生的回忆和享受。在写作主题明确后，英语教师可以把写作的主题词和主题句写在黑板上，引导学生展开头脑风暴，让学生根据主题词和主题句展开讨论，分享自己在日常生活中积累的写作素材、相关词汇，通过集思广益，实现资源共享，丰富写作内容和写作主题。

第二，写作的阶段。

一是编写提纲。当学生对写作主题和相关内容有了一定的认识和积累后，高中英语教师可以指导学生运用列清单的方法，梳理写作思路和写作素材，为进一步写作做好铺垫。将学生分成学习小组，发挥集体的智慧，让各小组围绕写作主题开展讨论，从多个角度分析主题，从多个方向展现主题，将想到的内容记录下来。教师组织学生对清单进行分类整理，删除一些重复和多余的信息，并按照信息的逻辑性将其进行排列编号，使其成为写作提纲，学生的写作思路就一目了然了。高中英语教师还可以用提问的方法，利用 "when、who、where、why、what" 等提问词，引导学生结合写作主题作答。由于学生审视主题角度不同，不同的学生会给出不同的答案，通过学生的不同回答，使主题内容变得越来越具体、越来越深入，帮助学生理清写作思路，提高写作效率。作文提纲是写好作文的基础，既要完整，又不能过于烦琐，要突出作文每一部分的要点。写作过程中发现提纲有不合适的地方，要及时修改和补充，使英语写作充满知识性和启发性，为提高写作水平服务。

二是撰写初稿。大纲确定后，学生可以按照大纲进行初稿创作。在初稿撰写前，教师可以为学生提供范文，让学生赏析，给学生以启发；可以提供一些具体题材，供学生参考，明确写作规范；可以给出开头，吸引学生的写作热情，从而快速进入写作状态。为使学生写作更加顺畅，高中英语教师可以为学生提供一些常用的过渡词、过渡短语等，更好地把握英语写作风格，摆脱汉语写作的影响，做好支持者和指导者。在高中生写作的过程中，英语教师要积极营造一个安静、舒适的环境，减少对学生的干预与打扰，使学生可以静下心来进行自由创作，在全神贯注中打开思维，激发学生的创作灵感，提升写作质量。英语教师要做好检查和指导，及时观察了解学生的写作进度，记录学生的写作过程，为课堂评价收集资料。对于基础薄弱的学生，在必要时可以给予一定的提示和引导，消除他们的畏难情绪，能够正确认识英语写作，更好地向学优生学习。英语教师要给基础较好的学生设置拔高训练，充分发挥学生的能动性，使其在潜移默化中获得更大的进步，构建开放性的写作课堂，让学生的思维在课堂中尽情发散。

第三，写后的阶段。

一是自我评价。传统的高中英语写作教学中都是以教师讲课和评价为主，而过程教学法的应用突出了学生的主体地位，学生成为写作评价主体之一，体现了多元化的教学方式，也让学生对英语写作有了一个全新的认识，提高了英语写作的兴趣。在写作初稿完成后，英语教师可以指导学生对自己的写作成果进行重新审视，自己查找写作内容中的单词、语法错误，使内容结构和逻辑性得到更好的优化，让学生更加积极主动地参与写作评价。高中英语教师还可以为学生制定一个评价标准，鼓励学生对照评价标准查找自己在英语写作中的问题，促使学生自我改进与完善。教师可以将评价标准用量化的形式呈现出来，让学生为自己的写作打分，用更直观的形式让学生看到自己的长处与不足，提高学生的自我认知。英语教师还要对学生的打分进行收集、整理与分析，了解学生的学习需求，更好地优化写作教学模式和策略，以适应学生的不同学习情况和环境。新课程倡导的评价需要关注学生发展的三个方面，分别是知识与技能、过程与方法、情感态度与价值观，要指导学生用一分为二的方法评价自己。

二是学生互评。初稿完成后，在学生自我检查、修改完成的基础上，高中英语教师可以组织学生进行互评，按照"组内异质，组间同质"的原则，将班级内的学生按照英语水平、学习能力、性别、性格等进行科学合理的小组划分，要确保各个小组内成员的英语水平各不相同，要有高、中、低之分，使学生可以在小组内做到优势互补，相互学习。每个小组成员都不是固定不变的，英语教师会根据学生的进步情况定期做出调整，使每个学生都有发展的机会，都能与其他学生进行更多的思想碰撞，获得新的想法和语言知识。当学生在小组内进行写作互评时，英语教师要加以指导，引导学生从写作内容、语言、书写等方面全面评价彼此的作文。学生在对他人作文进行评价的时候也会与自己的作文做比较，取长补短，有助于提高学生的写作能力。为了改善学生的评价习惯，激发学生参与评价的热情，高中英语教师可以设计评价活动，在大屏幕上匿名展示一位学生的英语作文，要求小组成员对作文做出评价，不同的学生会给出不同的意见与建议，使写作内容更加丰富。

第四，教师的评阅。

一是全面评价。学生完成初稿后，经过自查修改和互评，再次对自己的写作内容进行修改与完善，写下二稿并上交给教师进行评阅。此时，高中英语教师采用欣赏式讲评和对比式讲评的方法，从学生的作品中挑选出 3~5 篇优秀作文，组织学生在课堂上朗读，让学生自己去感悟、体会文章的出彩之处。在学生充分阅读的基础上，对写作当中的精彩之处进行详细分析与评价，促使学生向榜样看齐，不断提升自身的写作水平。教师在评价中还要善于发现学生的闪光点，多给学生鼓励和表扬，对于写作内容中的出彩之处，要在全班进行展示表扬，增强学生的写作信心，开发学生的潜力与智力。对于学生在写作中的不足之处，教师可以给出修改意见，或者通过一对一的交流，帮助学生改正错误，写出文质兼美的作文。需要注意的是，教师的修改意见不宜过多，避免让学生产生厌烦、失望的情绪。

二是评语艺术。书写英语作文评语是一门艺术，如果教师只是简单写一个"good"或

"very well"，根本提不起学生的兴趣，也不能获得信心与力量。所以，高中英语教师应该书写差异化的评语，每次的评语都要充满新鲜和创意，这种做法不仅可以活跃课堂气氛，还能满足学生的学习需求。在口头评价学生的作文时，高中英语教师要运用英语进行评价，创造讲英语的氛围，让学生在耳濡目染中形成正确的学习习惯，拓宽写作思路，感受英语写作的乐趣。新课改呼唤开放式和多元化的评价方式，高中英语教师要引入软件评价，让高中生在教学系统中书写作文，系统会根据学生的书写速度、书写质量等给出初步的评价，使高中生获得知识的同时，感受到科技的力量，增强探索学习的能力。

总而言之，过程教学法在高中英语写作教学中的有效应用，对于增强英语写作教学的有效性和趣味性，以及提高写作教学质量具有重要意义。一线高中英语教师要转变传统的教学理念和教学方法，将过程教学法科学灵活地应用到写作教学中，既要注重学生认知能力和思维能力的发展，也要关注学生基础知识和写作技能的培养，促进高中生英语综合能力和英语素养的全面提升、充实。

（3）高中英语写作教学实践的设计。写作是一种综合能力的训练，是一个系统工程，它应贯穿教学活动的全过程，不能一蹴而就，要循序渐进。写作能力的培养和提高，有赖于扎实的基础、写作方法和大量的写作实践。只要从这点出发，充分调动学生的学习积极性，以学生为中心，创造良好的课内外语言环境，一定能有效地促进学生写作能力的形成，改变目前学生写作能力弱的现状。

写作是人类有意识地使用语言和文字来记录资讯、表达意向。写作是抒发感情的渠道，是表达思想的手段，是正确思维的工具，也是交流信息的媒介。写作是非常真实的语言运用形态，在真实生活中会经常进行创作性写作（creative writing）和学术性写作（academic writing）。学校无法设计完全真实的写作活动，只能设计一种半写作活动，即书面表达。书面表达就是要求学生用书面语言完成对信息的表达，信息的获取不是考查重点。

学生书面表达的能力是：考查学生是否能够"准确使用语法和词汇；使用一定的句型、词汇，清楚、连贯地表达自己的意思"。显然，这一题型要求学生具有准确使用一定句型、词汇进行表达的能力。其最高分的要求为：完全完成了试题规定的任务；覆盖所有内容要点；应用了较多的语法结构和词汇；词法结构或词汇方面有些许错误，但为尽力使用较复杂结构或较高级词汇所致；有效地使用了语句间的连接成分，使全文结构紧凑；完全达到了预期的写作目的。

第一，写作是英语教学过程中难度大、对综合技能要求高的一个板块。在当前新课程改革的大背景下，如何更加高效、高质地整合课堂，培养学生准确用英语进行书面表达的能力尤为重要。以下重在探讨如何运用输入和输出的语言学理论，将读和写有机融合在课堂里面，以阅读促进写作、以写作巩固阅读。在英语的教与学的过程中，如果学生没有足够的语言基础知识，即词汇、句型和语法，那么他的写作也会空洞。反之，只有让学生在进行写作之前掌握大量的语言知识，学生才能根据已有的知识写出一篇内容丰富、表达准确、富有思想的作文，这正契合了外语教育语言学中的语言输入（In-put）和语言输出（Out-put）的理论。

可理解性输入假设。人们通过两种方式获得语言知识：语言学习（language learning）和语言习得（language acquisition）。语言学习和语言习得是两种不同的学习方式，"学习"是人们有意识地通过学习语言规则和形式来获得语言知识，"习得"是人们无意识地在语言环境中理解话语意思并学会使用语言，就像儿童习得母语那样。因此，学习者要想在潜意识下习得语言知识和语言技能，必须置身于适当的语言环境中，接收适当的语言输入。可理解性输入假设（Comprehensible Input Hypothesis）是克拉申（Krashen）二语习得理论的核心内容。首先，可理解性输入假设试图解释人们是如何习得语言的。人类只有在理解了信息或接收了可理解性的输入后才能习得语言，所以，学习者应该将注意力放在语言的意义上而不是形式上。其次，可理解性的输入既不能太难也不能太简单，假设学习者现有的语言水平是"i"，学习者现有的语言水平与要达到的语言水平之间的差距用"1"表示，那么，"i+1"就是稍高于学习者现有水平且可以被学习者理解并掌握的可理解性输入。因此，"i+1"就要求写作的语言输入应略高于学习者现有的语言水平，学习者可以通过反复练习以逐步理解，最终达到理想的语言习得效果。另外，理想的语言输入应具有四个特点：第一，输入必须是可理解的。语言的编码信息是学习者可以理解的，而不可理解的输入是一种噪音。第二，输入是有趣的，且密切相关。输入的语言材料是学习者感兴趣且与之相关的，学习者便会在不知不觉中习得语言。第三，输入不必以语法为大纲。大量的可理解的输入是语言习得的关键，而按语法程序安排的教学不利于语言习得。第四，输入是大量的。学习者通过吸收、加工可理解性的语言输入，自然地锻炼自己的语言输出能力。

可理解性输入假设认为：第一，从"i"阶段过渡到"i+1"阶段的必要条件是学习者能够理解含有"i+1"的输入；第二，通过理解含有"i+1"可以习得新的语言结构；第三，当输入是可理解时，"i+1"就会自动成为现阶段的语言能力；第四，当学习者通过理解输入达到一定语言能力时，话语能力便自然产生。

另外，目前我国英语学习者所接触到的语言环境仍是以汉语为主的，大部分学生只有在课堂中才能接触到英语，那么英语教师课堂话语便承担着重要角色，它不仅作为知识的载体，而且本身也是学生获得语言输入的重要途径。因此，英语教师应不断提高自身课堂话语的质量，促进学生的二语习得。

可理解性输出假设。可理解性输出假设认为，虽然语言输入对语言习得很重要，但它还不能够使外语学习者具备准确且流利地使用目的语的能力。学习者必须通过有意义的语言运用才能使自己的目的语的语法准确性达到较高水平，在有足够的语言输入的同时，必须有足够的语言输出。同时，当学习者感受到有提高和发展自己目的语的需要时，语言输出才有助于语言习得。另外，意义协商之所以能促进语言习得，不只是因为它有助于学生理解输入，还因为它能创造语言输出的机会。由此可见，语言的输出对学习者的二语习得具有重要的作用。

输出假设对语言习得有以下功能：①注意触发功能，指语言输出促使二语学习者意识到自身语言体系中存在的问题，从而触发他们对现有语言知识的巩固或获取新的语言知识的认知过程；②检测假设功能，指二语学习者在学习过程中形成一些有关语言形式或结构的假设，而语言输出则是验证这些假设的途径；③元语言功能，指二语学习者通过语言输出对语言进行思考。

目前，对于中国的外语学习者而言，课堂上师生之间的互动与交流是学习者学习外语的主要途径，学习者在理解了教师的语言输入后，进行语言输出。同时，对教师语言输入的理解可以在学习者的语言输出中得到检验。学习者只有在不断进行语言输出的基础上，才能流利并准确地使用目标语，逐渐达到本族语的水平。然而我国目前的外语教学并没有巧妙地结合语言的输入和输出，而是过分地强调语言输入的作用，在一定程度上忽视了语言输出的功能。在外语课堂上，教师课堂话语占据了大部分时间，学生很少使用目的语进行交流，不利于学习者的外语水平的提高。

交互假设。二语习得中的交互假设（Interaction Hypothesis），该假设建立在输入假设（Input Hypothesis）基础之上。而可理解的输入在二语习得中发挥着重要作用，但输入的理解是自行产生的。交际分为两种："双向交际"（two-way Communication）和"单向交际"（one-way Communication），而双向交际比单向交际更有利于语言习得。因为在"双向交际"中，当遇到交流困难时，双方可以进行适当的交互调整（interactional modification），从而不仅提高了语言输入的可理解性，还促进了可理解的语言输出。

另外，根据交互假设理论，从"互动""协同"等语言学习的本质属性的角度明确提出读写结合对外语学习的必要性和重要性。可见，阅读的不足之处是，读者与作者及其作品的协同是单向的，互动是间接的，交际紧迫感低，协同效应弱于人际互动中的协同。此外，阅读对培养组词成句的语言生成能力帮助有限。为了克服这些弱点，阅读可与写作结合起来，加大互动力度，提高协同效应。而且，无读物配合的外语写作练习，语言协同效应差，易受大脑中母语知识的影响，写出来的外语不地道。可见，可将阅读与写作这两种形式有机结合起来，从而有效弥补两者的不足之处，使两种方式互相促进。

第二，在外语教学过程中，仍有不少教师对学习评价的意义认识不足，评价的手段可操作性不强。特别是对英语能力的评价往往集中在"听""说""读"上，忽视英语交际中最能体现英语综合能力和学生个性发挥的"写"上。同时，以往对学生的写作形成性评价的实施，往往局限于成长记录袋的建立上，而对这种评价上的偏差不利于形成性评价的实施和学生的全面发展。英语课程强调在进一步发展学生综合语言运用能力的基础之上，着重提高学生用英语获取信息、处理信息、分析和解决问题的能力，应特别注重学生用英语进行思维和表达的能力，因此，如何运用科学有效、多元化的评价方案提高学生的写作能力，是新课程标准下英语教学的重要课题，也是英语教师面临的巨大挑战。新课程标准从写作本身和学生的特点出发，把英语写作定义为真正意义上的作文，这点主要体现在：①个性化：会表达个人的观点和态度。②注重内容：力求使表达的内容有趣和有限；注重交流，学会根据读者对象写作。③交际化：遵循英语国家的文化风俗和交际准则。④表达形式多样：能够运用多种句子结构、变化的词、语体以及文体等。

从新课程标准对写作的具体要求中，可见它加大了形成性评价的力度，强调了写作能力形成的培养过程。然而，目前英语写作评价方法的实效性明显，很多评价方式只停留在形式与表面，很难促进学生英语写作水平的提高。在写作课堂上，我们一般采用的写作指导路子为成稿写作法（product approach），即由教师分析范文、控制作文题目，学生在每个小标题下扩展意义，他们一次成稿（one-draft），教师是唯一的读者，其主要作用是对学生的成稿进行评价，即对语法错误的改正，对内容、组织结构等的简短评论。教师的书面反馈是学生获得对自己作品评价的唯一来源，它标志着整个写作活动的结束。从这个过程当中可见，教师只是担当了布置任务、检查任务的角色，将批阅打分作为写作的终极目标，过分关注对结果的评价而忽视对过程的评价，只重视教师的评价而忽略了被评价者即学生的参与评价。另外，由于教师是根据成稿来评估学生的，这就造成了学生对反馈意见的轻视，出现反复犯教师改正过的错误、写作水平一直停滞不前。因此，鉴于传统的写作评价存在着一些弊端，教师要追根求源，找出问题的症结，并加以改进。

学生英语写作形成性评价的首要价值在于它能全面、合理地评价学生英语应用能力和进步状况。传统的终结性评价无法全面体现学生在语言学习中的个体差异和风格，诸如学习态度、学习兴趣和学习策略等，而这些正是形成性评价的优势所在。学生写作形成性评价在教学中也具有重要价值。首先，它能反映出学生对语言学习的态度和观点，也能反映出他们在阅读和写作中所运用的学习策略和技巧。作为一个整体，全班学生的写作评价所体现的共同问题可以为教师及时调整教学计划提供重要的信息。其次，每个学生的写作档案则能体现他们各自的兴趣爱好、性格特点、个性风格，以及在学习和其他方面的优势和不足，这有助于教师因材施教。最后，学生电子写作评价档案是属于学生自己的一片园地，不仅可以展示其学习上的进步，还可以表现出其个性风格，由此产生的满足感和成就感会增强学生参与语言学习的积极性，激发他们自主学习的热情。形成性评价目的在于分析、诊断写作教学过程中存在的问题，为正在进行的教学活动提供反馈信息，以提高正在进行的教学活动质量为最终目标。为此，可做以下操作：

建立写作电子成长记录袋。鉴于传统学生成长记录袋实践中所表现的一些缺憾，并要求学生建立电子成长记录袋，将其挂在校园网上。写作电子成长记录袋不仅可以持续记录每个学生语言学习的全过程，对学生和教师有重要的参考价值，还可不受时空限制地提供学生家长和社会的参与机会，以便使他们能随时了解学生学习的进步情况。同时，还可以供其他学生、教师或研究者开展相互学习或进行学术交流。其优势不仅在于促进学生写作能力的提高，更重要的是，它给学生提供了一个展示自己才华和创造力的舞台，充分体现了学生"自主学习"的原则。

写作电子成长记录袋中包括按照一定要求收集的作品，对于每个作品而言，要求学生在上传终稿的同时，也保存写作的草稿。同时还要求学生对作品进行反思，保留同学们在网络论坛（BBS）、腾讯QQ或微信群上对自己写作所做的评价。学生在一个学期中可以选择的四件作品具体包括：一是学生认为"重要"的作品；二是学生认为"满意"的作品；三是学生认为"不满意"的作品；四是自由选择的作品。其中"重要"的和"满意"的作品可在一学期中随时更换。老师如果发现学生在一段时间内作业完成不好，可抽出他前一阶段的作品，来激发他的学习兴趣，培养他的自信心。

构建写作形成性评价的评价机制。首先，要求学生依据评价标准对自己的作品进行独立的自我评价。通过自我评价，他们会进行自省和反思，肯定自己在学习中努力的结果，并看到改进的必要性和进取的可能性。自我评价是一个自我诊断并进行自我调节的过程，它既培养了学生的自我认识与自我教育的能力，又帮助学生养成了在学习中自我评价的好习惯，弥补了单纯的"他评"带来的不足，从而提高了评价效果。其次，建立写作形成性评价小组，以划定的学习小组为单位，依据评价标准进行同伴互评。在互评时须填写互评表格，并一同存入成长记录袋，以供作者参考。

教师在学生写作阶段适时进行评价。在日常的教学过程中，用观察法作为常用的考评方法，它简便易行。学生在审题、构思、遣词造句和检查修改等活动中的表现，依赖教师的观察来考评，当然，也可鼓励学生参与对自己的评价。教师评语要用描述性语言，针对学生在写作过程中及完成效果上暴露的问题及表现的优点实事求是地做出评价，并以

"优、良、合格、须努力"认定。

由于观察记录是对学生日常学习活动及进步的纪实和描述，所以教师应及时地、分阶段地（如两周或三周）将记录内容和反馈意见提供给学生，以便学生了解自己的实际情况并在以后的写作过程中扬长避短，不断进步；通过观察，教师还可以了解学生综合语言运用能力的发展过程以及学生写作过程中的情感态度和参与表现，结合自己的教学目标与学生的个体差异，设计出适合本人教学的评价方式，并有效地贯穿英语写作教学中以进一步提高教学质量。

同时，运用访谈法，针对个别学生某次或几次的写作情况以面对面或网上交谈的形式进行了分析和评价。访谈法有利于教师发现学生本人对自己已取得的成绩和存在的问题的感受与体会，并针对学生个人的进步和需求做出正确、积极、更加具体的评价，帮助其发现自己写作方面的长处和存在的不足以激励其取得更快进步。访谈法针对性强、反馈速度快、效果明显。

总体而言，基于电子成长记录袋的写作形成性评价，通过师生的参与，使写作开始前进行的训练思考、组织和计划的练习以及修改草稿（初稿和复稿）的写作过程延长和多样化。具体而言，一篇写作经历"集思"、草写、小组活动、老师与学生之间的讨论、听取其他同学的意见等几个阶段，学生通过写作前的准备、初稿、改稿以及编辑，充分利用学生的想法与亲身经验，真实感受写作进步过程。这几个阶段使得英语写作评价形成一个渐进式"循环性"的学习过程，而不是单一的"直线性"的作业行为和教师简单的成稿打分行为。

写作形成性评价注意的问题。基于网络成长记录袋之下的英语写作形成性评价，有利于学生组织英语作文篇章结构，以及使用不同体裁的语言形式能力的提高，特别是对语篇内容结构的图式建构有更为显著的效果。写作形成性评价比终结性评价更能培养学生积极的情感体验，有助于学生参与写作的过程、培养积极的协作意识。同时，网络多维度的评价相结合有利于学生从不同的视角了解自己的写作水平，学习怎样进行自我评价以及同伴间的互评。

教师在设计与实施评价方案时，要明确评价的功能与目的。即通过评价活动要达到怎样的目的，发挥评价的哪些功能，然后在此基础上，根据学生的实际水平，选择和使用不同的写作任务和评价策略。换言之，一切都应以促进学生的写作兴趣和提高学生的写作能力为最终目标。利用形成性评价手段指导写作训练时，应计划周密、目标明确、指导得当，任务的难易程度要适中，避免学习过程中只重表面形式而忽视了实际效果的现象。形成性评价不仅使教师更了解学生，而且它也让学生参与到评价中，所以也让学生更了解自己的学习。学生看到自己在学习过程中的每一点收获,增强了自信心;学会分析自己的不足,明确了努力的方向,不断地调整学习策略,这个过程就是学生自主学习的过程。

注意形成性评价的内容要与教学内容基本保持一致。无论是建立网络成长记录袋、规定学习任务,还是其他形式的形成性评价活动,都应考虑学生的实际水平,内容要贴近学生的生活,密切结合课堂教学。例如,在写作教学中可以帮助学生建立"词汇银行"。"词汇银行"用于鼓励学生多使用新单词,从而增强词汇学习的能力。"词汇银行"改变学生的英语学习与实际生活脱轨的状况,并促使学生注重学习过程,注重积累,为学生发展服务,反映学生的学习发展过程。

教师不能完全否定传统评价的甄别和选拔功能,错误地以为形成性评价只要发挥评价的诊断、激励和发展的功能就可以了。可见,学生写作能力的真正提高自然也应反映在他所参加的一系列考试当中。只有这样,才能真正保持学生对写作的长期兴趣,也才能完全实践并发挥形成性评价的最大功能。

教师学生互惠互利、实现双赢。引进形成性评价机制可以从根本上改变这种现状,学生可以自改、互改,这既减轻了教师的工作压力及负担,同时也在评价上让学生及时、迅捷地找到自己的弱点,自我进行有机、有效的调节。

(二) 高中英语写作教学的策略

要提高学生的写作能力,教师既要引导学生积累词汇、语法等语言知识,打好基础,还要增强学生的写作策略意识。英语写作教学应以培养学生的英语写作能力为本,将教学重点置于英语写作能力提高的动态过程之中,它的成功与否很大程度上取决于写作的策略。

1. 开篇的策略

一篇文章有开头、中间和结尾部分,古人把这三部分比作凤头、猪肚、豹尾,意思就是开头要像凤头那样美丽动人,中间要像猪肚那样丰满结实,结尾要像豹尾那样有后劲。常用的开头方法如下:

(1) 事实陈述。开门见山即开篇就推出文章主题句,提出看法,明确陈述见解,这种方法也叫事实陈述法或现象陈述法。例如:

A recent investigation shows that about 80 percent of the primary school pupils have private tutors and about half of the university undergraduates have the experience of being privatetutors. (事实陈述法做引言) Private tutoring has both advantages and disadvantages, yet, in my opinion, it does more harm than good to students. (中心思想)

（2）描写导入。描写导入是通过描写背景，导入文章。例如：

Nowadays college students are seen waiting ontables, cleaning in stores, advertising in streets, tutoring in families and doing whatever work they can find. （描写做引言）It has become fashionable for college students to do some odd jobs in their spare time. （中心思想是学生打工具有普遍性。）

（3）故事引入。用故事作为开头，可以引起读者的兴趣。例如：

Most of us may have such experiences: when you go to some place far away from the city where you live and think you know nobody there, you are surprised to find that you run into one of your old classmates on the street, perhaps both of you would cry out: "What a small world!" （通过故事，最终引出自己的观点）

（4）给出定义。以下定义的方法开头是为了给出必要的解释说明，以帮助读者理解。例如，题为"Should Euthanasia Be Advocated?"的作文，开头可为：

Euthanasia, a quiet and easy death, （下定义）has become a heated topic among people recently. Many people applaud it and argue that euthanasia should be advocated in our society. （中心思想）

（5）引用数据。数据法是在开头段引用权威性的统计数字，使作者的观点具有较强的权威性和说服力。一般而言，数据法分为两种：一种是先主题后数据，另一种是先数据后主题。例如：

As is reported that cell phones are becoming more popular within China. （先引出主题）In 1999, the number of cell phones in use was only 2 million, but in 2002, the number reached 5 million. And in the year 2005, the number had suddenly soared to 9 million. （引用数据）

（6）进行提问。通过提问的方式统领全篇，可以吸引读者的注意力。例如：

"Is money all powerful?" If someone asks me such a question, （引言句提出问题）my answer is always the same: No. Money is by no means all powerful. （通过回答问题引出中心思想）

2. 展开的策略

段落展开的方式很多，如按过程展开、按空间展开、按时间展开、按定义展开等，写作时可以根据主题选择使用其中一种或综合使用多种方法。

（1）按过程。按过程展开，就是文章按照事情发展的经过、顺序进行逐项说明。这种展开方法常用于记叙文，叙述如何做一件事情。例如：

The paper making process is as follows（段落主题句）: First, the logs are placed in the shredder. Then they are cut into small chips and are mixed with water and acid. Next, they are heated and crushed to a heavy pulp. Then, sheets of wet paper are produced. Finally, the water is removed from the sheets, which are pressed, dried and refined until the finished paper is produced.

这篇文章是按过程展开的，它说明的是造纸的过程。

（2）按空间。按空间展开的这种方法常用于描述一个地方或一处景物，文章根据一定的空间方位顺序来写，如从上到下、从左到右、从里到外等。例如：

One of the most interesting places to visit in Singapore is the bird park. It´s located in the industrial area of Singapore, called Jurong. The bird park is about twelve kilometers from the center of the city, and it´s easy to get by bus or taxi.

It´s one of the largest bird parks in the world. The birds are kept in largecages, and there are hundreds of beautiful birds from many different parts of the world, including penguins, parrots, eagles, and ostriches. There´s a large lake in the park, with a restaurant beside it. There´s also a very large cage. You can walk into it to get a closer look at the birds.

这篇文章是按空间方位展开描写的，它描述鸟岛是从外往里进行的。

（3）按时间。按时间展开的这种方法常用于记叙文，通常是记叙一件事情，按照事件发生的时间顺序来写。例如：

By the time he was fourteen, Einstein had already taught himself advanced mathematics. He already knew what he wanted to be when he grew up. He wanted to study physics and do research. The problem was that Einstein´s family did not have enough money to pay for his further education. Finally, they managed to send him to a technical school. Later they were able to send him to an important technical college in Switzerland, which he entered in 1896 at the age of seventeen. He studied hard and received his degree at the end of his course. He wanted to study for a doctor´s degree, but he did not have enough money. The question was how he could find enough work to support himself. Firs the worked as a teacher. Later he got a job in a office. This work provided him with enough money to live on. Also he had enough time to study. He went on studying and finally received his doctor´s degree in 1905.

这篇文章是按时间先后顺序展开的，从爱因斯坦 14 岁写起，一直写到他获得博士学位。

（4）按定义。按定义展开的这种方法常用于说明文，即对某一个含义复杂、意思抽象的词语或概念阐明其定义。在下定义的同时，还可能运用举例子、打比方的方法，让读者对其定义有一个明确完整的了解。例如：

Friends are persons who share the same feelings of natural liking and understanding, the same interests. （先给朋友下定义，以区别于其他人）Usually friends can be divided into two kinds: superficial friends and true friends. （随后将朋友分成两大类：假朋友与真朋友）Superficial friends only want to be your friend if you are to their advantage. But true friends are always there if you are rich or poor. They support you, take your side, and build up your confidence whenever necessary. By this time you'd better separate your friends into the "Phony" or the real. （建议）

（5）按分类。按分类展开的段落方法常用于说明文，一般是把要说明的事物按其特点分别归类说明。例如：

Many different kinds of signals are used by the coaches. （段落主题句）There fire flash signs, （第一类暗号）which are just what the name implies the coach may flash a hand across his face or chest to indicate a bunt or hit-and-run. There are holding signals, （第二类暗号）which are held in position for several seconds. These might be the clenched fist, bent elbow, or both hands on knees. Then there are the block signals. （第三类暗号）These divide the coach's body into different sections, or blocks. Touching a part of his body, rubbing his shirt, or touching his cap indicates a sign. Different players can be keyed to various parts of the block, so the coach is actually giving several signals with the same sign.

（6）按实例细节。按实例细节展开的这种展开方法常用于说明文，将主题句的抽象意思具体化，给读者一个清晰、有趣、深刻和信服的印象。通常是在文章开头提出论点，随后举出实例加以说明，例子可以举一个，也可以举几个。但是，所举的例子要具体、典型、有趣，并且与题目密切相关。例子在排列时要注意逻辑顺序，并把相关的例子放在一起，逐步推向高潮。例如：

When you are traveling abroad, it is important to follow the customs of the country that you are visiting. If you are invited to a home in Britain, here is some advice. As soon as you are invited, it is good manners to refuse or accept the invitation, either by writing or by telephoning. When you go to the party, it is polite to arrive on time. It is good manners to shake hands with your host and any other guests. You can take a present if you like, possibly a bottle of wine box of chocolates or some flowers. However, it is not bad manners to take nothing. It is not polite to stay too late after the other guests have gone. Of course, it is good manners to write or telephone a day or two later to thank your host.

这篇文章是按实例细节展开的，它先阐述观点，然后列举具体实例细节进行说明。

（7）按类比或对比。类比是比较同一范畴的事物之间或几个人之间的相似之处，对比是比较其不同之处。类比和对比常常同时使用，展开论述，以指出二者的相同之处和不同之处。这种方法常用于说明文，例如：

China and India have more populations than any other countries in the world. They are the only two members of the "billion club", because they are the only countries with populations of larger than one billion. At the moment, China's population is about 1 328 000 000. India's population is smaller—just over 1 000 000 000. In both India and China, the population is growing more and more slowly. However, India's population is still growing faster than China's. Many experts think that, by 2020, India's population may be larger than China's.

这篇文章同时运用了类比和对比，并采用了交替比较法。它先说明相同点：中国和印度都是人口超过 10 亿的国家，中国人口大约是 1 328 000 000，印度人口刚超过 1 000 000 000。然后点出不同：尽管两国人口发展速度都在减慢，但印度人口增长速度比中国还是快些，许多专家预测印度的人口在 2020 年可能会超过中国的人口。

（8）按原因、结果。按原因、结果展开包含三种方法：按原因展开，即文章先描写某一结果，然后再详细分析其原因；按结果展开，即文章先叙述原因，再详细描写其结果；按原因和结果展开，即文章分析原因又分析结果。这种展开法常用于说明文。例如：

I prefer to live in the city for the following reasons.（段落主题句）First, I can enjoy colorful life in city.（段落层次 1）There are always many performances and exhibitions through which I can learn a lot. Second, I can enjoy good services.（段落层次 2）It is convenient for me to go everywhere, by bike or by bus. Department stores and shops, small or large, can offer me whatever I want. Third, I can have more job chances in the city（段落层次 3）if I am not satisfied with the present job. It is easier for me to transfer to another.

3. 衔接的策略

一篇文章，不仅要在内容上具有完整性，还要在结构上具有连贯性，因为结构的紧凑连贯是决定文章好坏的一个重要因素。结构上的紧凑连贯要求文章的各个部分应该围绕主题句有机地结合起来，段落结构应该条理清晰，层次分明，衔接自然。只有结构连贯，读者才能跟上文章的思路，了解文章的大意。要使文章连贯，我们可以采用一些衔接手段：第一，使用平行结构。使用平行结构的句子可以使段落大意得到充分的发挥。第二，保持名词、代词的人称和数量一致，动词时态一致。保持名词、代词及时态等一致可以让文章清晰流畅。第三，使用过渡词语。使用过渡词语能很好地承上启下，把段落有机地连接起来；使段落内部环环相扣，从而推动文章中心意思顺利地向前发展。第四，使用代词。使用代词来代替上文提到过的人或事，可以使句子互相照应，互相衔接。第五，重复关键词语。重复关键词语可以使句子之间紧密衔接，从而使段落一浪高一浪地向前发展。例如：

At present developed countries use too much energy. They get coal out of the ground, change it into electricity, and send it hundreds of kilometers away. They do this so that people can dry their hair using an electric hair drier! The USA has only 6% of the world′s population, but uses 30% of its energy. India has 15% of the world′s population, but uses only 2% of the world′s energy. In the future there will be less and less oil, gas and coal left, so people will have to use these fuels much more carefully. Meanwhile, they will do their best to produce more energy from the wind and the sun.

在上面的段落中，作者使用了以上五种方法使内容连贯流畅。在具体的写作中我们不一定全部用到，可视具体情况而定。

4. 结尾的策略

一篇文章，要在内容上具有完整性需要有好的收尾策略。

（1）重复式结尾。重复式是通过重复引言部分提出的观点，达到深化主题，强调中心思想的效果。例如：

针对这篇作文，可以运用这样结尾：In fact, advertisement has become one of the most authoritative voices speaking to us today, even dominates our lives.

（2）总结式结尾。总结式结尾有在结尾处对全文的内容进行概括和总结，以揭示主题。例如：

在描述了高中生勤工助学的意义后可以这样结尾：The significance for college students of doing a part-time job means more than money and experience：It will broaden their outlook and exert a profound influence on their personality and life.

（3）引语式结尾。引语式是通过引用名言、格言、谚语，总结全文。需要注意的是，所引用的文字一定要与前面的观点相符合。例如：

In particular, I enjoy what Francis Bacon said："Studies serve for delight, for a moment and for ability."（读书足以怡情，足以博采，足以长才）

（4）建议式结尾。建议式结尾是针对文中讨论的现象或问题，提出建议或解决的方法。例如：

On the one hand, our physical exercise must be based on both progressiveness and regularity. On the other hand, we must go in for physical exercise according to local as well as health conditions of our own. In summary, exercise can do us good or harm, all depending on how we make use of it.

（5）展望式结尾。展望式结尾主要表达了对将来的展望和期待，给人以鼓舞，有助于增加文章的感染力。例如：

If everyone has developed goodmanners, people will form a more harmonious relation. If everyone behaves considerately towards others, people will live in a better world. With the general mood of society improved, there will be a progress of civilization.

（6）警示式结尾。警示式是依据文中的论点，指出问题的严重性，启发思考，引起读者的重视。例如：

If we don't ease our school children's study burden now, just imagine what our children would become in a few years: with their eyes short-sighted and their backs hunched, they are nothing but book worms. Therefore, easing our children's study burden is not a necessity, but a must.

使用何种结尾，由文章内容和体裁而定。记叙文通常采用自然结尾、结尾重申主题或引用格言谚语总结全文。说明文和议论文的结尾通常是归纳要点、重申主题，或者提出建议。

5. 修改的策略

写完初稿，要从头到尾仔细阅读修改，把重复、多余、与主题无关的部分删去，把表达不完整、不清晰的地方改正过来，纠正语法拼写、标点符号等错误。修改文章主要从以下方面着手：

（1）主题方面。在主题方面，最重要的是看表现的主题是否完整统，其次是文章是否符合题目要求、是否合乎逻辑、主题句是否清楚、有无与主题无关的内容、语气是否一致、时态是否恰当等，从这些方面审视作文，修改作文。例如：

按如下要求写一篇文章：Directions: For this part, you are allowed thirty minutes to write a composition of approximately 250 words on the topic Why People Go to College. Your composition should give the reasons.

以下学生按照要求写的一篇作文：

Why People Go to College

In the last few years, there has been a dramatic increase in the number of high school graduates who want to go to college. The public believes that the higher educational degree will promise you better jobs and more happiness. Contrary to the popular thought, I held a completely different point of view.

There are a number of reasons for my choice. To begin with, to go to college is not the only way of becoming the pillar of our society. Based on individual conditions, everyone has his or her own unique method. Some learn effectively from self-study and practice, some from social experiences, others prefer to obtain knowledge from books and schools. For another, different posts require people with various educational background and experiences. Take sanitation workers for example, they are expected to exercise diligence rather than bearing high academic degrees. Finally, I doubt if all the people with high educational background can bring their best out. If they cannot, is it a waste not only for the talents themselves, but also for our society? As a good example of this, I often quote the disheartening life experience of one of my relatives. After her four-year college life, she went to take the position as a typewriter. Is this a bit harsh? But this is how things are.

The evidence upon all sides leads to an unshakable idea that it comes as no surprise that to go to college is not necessary at all.

从这篇文章可以看出语言运用能力较为扎实，但这篇作文存在一个十分严重的问题，那就是偏离主题。题目是"人们为什么上高中"，作者写的是：他觉得根本不一定非要上高中。虽然文章在语言和层次上都没有问题，然而，由于"文不对题"，这篇作文出现在考试中就只能得零分。

（2）段落的方面。我们在检查作文段落方面的问题时，主要从这几个方面着手：主要检查段落材料是否充分，段落组织是否合理，段落之间是否连贯，过渡词是否运用得恰当等。下面结合具体的例子说明：

Exam-Oriented or Quality-Oriented Education?

Those people who want to go to the college or get a good job must pass the exam, so exam-oriented education is popular with many students and teachers. If you want to pass the exam, you needn't know much, just do the exercises again and again. The teachers purpose is to let you know how to use the formula to solve the problems, so the students who get high marks are often weak in real work.

By contrast, quality-oriented education is a long-term end hard work. By this education, a student will get more useful knowledge. They needed do much homework but they know how to use the knowledge. That is why American students often learn happily and also have good techniques, because people in America learn knowledge and skills, not simply learn how to follow his teacher and do the examination papers with a high score.

这篇文章的主题思想把握得很准确，语法也没有错误，句子写得很流畅。它最大的缺点是没有层次性，不分段落，并且在开头没有引言就滔滔不绝地议论起来，没有提出自己的观点。另外，结尾的综述比较突然，因为在文章里并没有谈论发展趋势，在结尾处提到，使人感到过于草率。针对以上问题，修改如下：

In recent years, many people have been discussing exam-oriented and quality-oriented education. I think the latter will do good to our country.

It is true that people who want to go to college or get a good job must pass exams, so exam-oriented education is popular with many students and teachers. If you want to pass exams, you needn't know much, you just need to do exercises again and again. The teacher's purpose is to let you know how to use formulae to solve problems. So the students who get high marks are often weak in real work. By contrast, quality-oriented education is a long-term colossal project. With this education, students will acquire useful knowledge. They needn't do much homework but they know how to use their knowledge. That is why American students often learn happily and also have good skills, the people in America learn knowledge and skills instead of simply learning how to follow the teacher and to score high on the exams.

From what has been discussed above, it's safe to say that quality-oriented education will take the place of exam-oriented education in the future.

（3）语法的方面。语法错误，是学生写作中常常出现的一个现象，主要表现为：句意表达是否清楚、有无病句、标点符号是否运用正确、有无拼写错误等。语法包含的方面比较多，如果纯粹是理论，会显得比较空洞，我们结合具体的作文进行讲解。

What Accounts for Success?

Recently the problem of smart children's failure has drawn public concern. Statistics show that the smartest children may not become successful in their later career. I think there are several causes for this.

For one thing, these children often face inexorable pressure from other people. They are often expected to do things much better than others do. When they fail to do so, people will think that they are not successful. For another, these children, especially those whowere known as smart ones, get success too easily at an early age. This makes them unwilling to do hard work which will lead to success. As we all know, David Beckham has the gift to play soccer, but what he regarded as important is practice. He always said, "Practice is what counts. Another example is that Dennis Rodman was thought to have more talents in playing basketball than Michael Jordan. But certainly he wasn't that famous for basketball. Why? Because Jordan was nearly the most hard-working one of all those who play in the NBA while Rodman wasn't.

From what had been discussed above, we may reasonably come to the conclusion that, although some genius is essential, working hard is also important. In fact, that is often the only thing that leads to success.

这篇文章主题突出，内容丰富，结构清楚，层次分明。在列举原因时，引用了一些名人事例，很有说服力。然而这篇作文在语法上存在很多错误，尤其是在动词的时态上。当讲述实际情况和比较复杂的看法时，在一次与经常、过去与现在的表述上，暴露出其在语法上的弱点。针对文中出现的语法错误，画线部分均可以用一般现在时来表示。

第三节　高中英语主题语境与语篇能力的教学策略

一、高中英语主题语境的教学策略

语境即语言环境，指的是人在说话时所处的状态。语境主要可分为自然语境、人工语境等。学习者主要的语言环境是以母语为基础的自然语言环境，而在外语习得过程中，主要依托教育者所营造出的人工语言环境。在这种人工语境中，学习者在头脑中用目的语复述、描述、记忆或营造某些场景，进而深化学习内容。围绕主题开展教学活动已经在各学科教学中深入推进。主题语境是主题学习有序进行的重要教学氛围。在高中英语学习中，确立鲜明而深刻的主题，进而创设出人工语境，能够为培育学生英语学科核心素养创造条件。高中英语学科的主题语境包括人与自我、人与社会和人与自然三个层面，这三个层面的主题语境可以细分为多个主题群，每一主题群下又细分为几大子课题。每个主题语境之间不是孤立的，而是在内容上相互渗透、逻辑上相互依存的。人与自我、人与社会、人与自然是人类发展过程中所需要解决的基本问题。

主题语境着眼于人类发展的基本问题，引导学生在学习英语的过程中学会科学地认识和发展自我、正确地亲近，并且融入社会、和谐地与生态世界相处。创设"人与自我"的主题语境旨在激发学生对知识的渴求、成长的向往，让学生在学习中遇见更好的自己，在成长中形成完善的人格。认识社会、走进社会、融入社会是高中生的应然行动和必然追求，创设"人与社会"的主题语境，有利于让学生在学习英语中强化社会服务意识、提升人际沟通能力、增强法治意识、感受到时代的脉搏。特别是让学生理解伴随着时代发展而形成的文化、艺术、体育、科技成就，增强学生的文化自信以及价值观自信，让其对融入社会充满期待。此外，"人与自然"的主题语境，切合新时代的发展理念，涉及自然生态、环境保护、灾害防范、宇宙探索等重要议题，学生在主题语境中，深入理解"和谐社会""生态文明"的内涵，将更加注重科学探究，进一步强化社会责任，在内化于心的过程中，更加主动、自觉地行动起来。

总而言之，高中英语的主题语境既涉及生命教育、价值观教育等道德教育的基本范畴，又涉及跨文化交流等英语学科的特有范畴，还涉及媒介素养培育等新时代提出的教育任务。内容丰富、覆盖面广的主题语境体系规约着语言知识、文化知识和学习范围，渗透着情感、态度、价值观教育，以培养学生核心素养为基本原则，致力于立德树人、培育全面发展的人。依托主题语境展开教学，能够促进英语教学提质增效，充分释放学生的潜能。高中英语中主题语境的教学策略具体内容如下：

（一）引入多重资源，创设主题语境

与母语为基础的自然语境不同，英语学习的主题语境需要教师精心创设。信息技术的发展，丰富了课堂教学的形式，日新月异的社会发展丰富了课堂教学的内容。因此，在高中英语教学中，教师可以优化课堂教学形式，精选课堂教学内容，多措并举，创设出具有吸引力的主题语境。

（二）创设问题链条，激活主题语境

主题语境基于对主题意义的探究，以解决问题为目的。特定的主题语境不仅承载着文化信息、语法知识等内容，同时，还包含发展学生思维品质的关键点。在高中英语教学中，教师可以设置一条逻辑性强、情境性强的问题链，激活主题语境所承载的信息，发展学生的思维品质。总而言之，在高中英语教学中，教师可以设计出环环相扣的问题链，激活主题语境，形成提升学生学习能力、思维品质的创生点。

（三）重视价值澄清，升华主题语境

相比于说教、奖惩等传统的德育方法，美国价值澄清学派提倡的价值澄清法更注重引导学生在学习过程中形成正确的价值观。主题语境渗透了价值观教育，教师可以在高中英语教学中，引入价值澄清法，依据学生在主题语境下的所说以及所感，加以适时引导，让学生潜移默化地进行"内省"。总而言之，通过这样的价值澄清，既升华了主题语境，又让学生认识到世界上所有美好的事物都是创造力的结果，有利于学生创新思维的发展。

（四）开展多样活动，活化主题语境

内化于心、外化于行是学科教学的使命。教师不能只将主题语境停留在课堂上，更需要设计出可操作性强的活动，引领学生将理论知识和现实生活相融通，活化主题语境。例如，利用一堂课进行微视频分享会；在班级开展青春诗词英文朗诵、健康生活方式体验等活动，不仅能将创设的主题语境变为现实语境，还能提升学生的综合素养。

二、高中英语语篇能力的教学策略

语篇的类型包括：记叙文、议论文、说明文、应用文等不同类型的文体，以及口头、书面等多模态形式的语篇，如文字、图示、歌曲音频、视频等。接触和学习不同类型的语篇，熟悉生活中常见的语篇形式，把握不同语篇的特定结构、文体特征和表达方式，不仅有助于学生加深对语篇意义的理解，还有助于他们使用不同类型的语篇进行有效的表达与交流。必修课程所学习的语篇类型要体现基础性和通用性，选择性必修和选修课程（提高类）的语篇类型可以进一步丰富并更多关注语篇的内涵意义。

语言教学中的语篇通常以多模态形式呈现，既包括口头的和书面的，也包括音频的和视频的，并以不同的文体形式呈现。语篇承载语言知识和文化知识，传递文化内涵、价值取向和思维方式。因此，在开展对主题意义探究的活动中，语篇不仅为学生发展语言技能和形成学习策略提供语言和文化素材，还为学生形成正确的价值观提供平台。教师在教学时，要认真研读和分析语篇，在引导学生挖掘主题意义的活动中，要整合语言知识学习语言技能发展、文化意识形成和学习策略运用，落实培养学生英语学科核心素养的目标。培养英语语篇能力的策略，具体内容如下：

（一）提高语篇意识，增加语篇阅读量

语篇意识是指阅读理解时，不能只停留在句子水平上，要注意把语言的形式和结构与语言的意义相结合。在阅读中，必须重视高级阅读技能的一些训练，把句子水平的阅读理解提高到语篇水平的阅读理解，才能真正理解文章的意思。这里的语篇水平上的阅读理解，是指在宏观意义上理解上下文的逻辑关系、理清写作思路、掌握文章的主旨大意、通过概括得出结论、了解作者的观点和态度等。语篇意识的培养有赖于一定量的语篇输入。只有在大量语篇中进行不断体会，这种意识才会得到发展和强化。然而，学生仅仅靠课本

的阅读输入量是远远不够的，语言输入量决定输出质量，所以必须大量阅读。由此可见，增加阅读量，对学生英语能力的发展而言，十分重要。

（二）培养良好习惯，提高语篇阅读速度

高一是初高中的衔接阶段，学生由于知识面和词汇量的限制，理解能力较差，缺乏阅读实践及阅读技巧，阅读速度较慢。这一时期应着重培养良好的阅读习惯。良好的阅读习惯是提高阅读速度和阅读理解能力的先决条件。因此，要求学生在拿到一篇文章阅读时不要以单个的字词为单位，而是以意群和句子为单位。这样读起来注意力必须集中在整段文字的连续意思、文章的中心思想、作者的观点和意图上，而不是过分依赖词典，凝滞于每一生词，尤其是无关紧要的词。其结果不仅会削弱阅读兴趣，减慢阅读速度，同时也不利于培养根据上下文猜测生词含义。

（三）注重高阶思维训练，搭建语言脚手架

在语篇教学活动中，记忆性任务、推理性任务和评价性任务都应存在，它们是具有梯度性的任务链，有助于学生思维的伸缩性。语篇阅读活动应当由低阶思维的浅读尽快转入高阶思维的深读。低阶思维活动可以帮助学生快速获取文本信息，取得一时的收获。然而，从长远看，学生在阅读过程中，应有的探究渴望和满足感等会逐渐降低。因此，教师要有在阅读中，通过高阶思维阅读活动激发并维持学生阅读兴趣的意识。首先，教师应站在学生角度考虑问题的难度，以便给学生留有足够的思考时间；其次，教师要为学生分解问题提供足够的脚手架，帮助学生掌握事实与观点之间的支撑情况，提高学生的逻辑思维能力。

（四）灵活运用教材，拓展课外语篇的空间

教师在使用教材时，应本着发展学生思维独创性的原则，对阅读文本进行二次开发。针对英语教材阅读习题中主观题较少且放在后面的情况，教师应当从学情出发，适当地调整习题顺序、删减或增加相关习题。教师也可以给学生推荐与之相关的课外读物来扩散学生的思维，引发学生对语篇持有更多独特的见解。挖掘文本人文价值，即要求教师重视学生的情感需求，对文本做出延伸性的解读。需要注意的是，挖掘文本人文价值并不等同于教师在课堂上大谈人文道理，或是牵强附会地给文本"贴标签"，而是需要教师做到将人文内涵与文本阅读融为一体，让学生对语篇进行充分的自我体验和自主思考。只有在这种阅读教学方式下，学生才能够积极、主动地将文本信息与生活经历联系起来，对语篇进行

独创性的思考。

（五）逐步深入理解，掌握语篇训练的技能

有了一定的阅读量和好的阅读习惯和方法做基础，还要通过大量的语篇训练，获取阅读技巧，达到层层深入理解，透彻理解语篇及培养思维能力的目的。第一，提炼文章主题；第二，判断作者写作基调；第三，归纳段落大意；第四，绘制文章脉络思维导图；第五，理解难句；第六，猜测生词含义。学生在语篇训练中，学会在泛读训练中尤其应当培养学生利用标点、同义词、反义词、特定词语句型、构词法及上下文猜词的能力，从而跨越阅读障碍，保持阅读思维的连贯性，提高阅读速度。语篇能力的培养是高中阶段英语学习的重要任务。这是一个长期的日积月累的过程，而并非一蹴而就，需要教师与学生的共同努力。

第四节　高中英语语言技能与语言知识的教学策略

一、高中英语语音技能与语言知识的教学策略

必修语音技能知识内容包括：①根据重音、语调、节奏等的变化感知说话人的意图和态度；②借助重音、语调、节奏等的变化表达意义、意图和态度等；③在查阅词典时，运用音标知识学习多音节单词的发音。选择性必修语音技能知识内容包括：①运用重音、语调、节奏等比较连贯和清晰地表达意义、意图和态度等；②发现并欣赏英语诗歌、韵文等文学形式中语言的节奏和韵律。选修（提高类）语音技能知识内容包括：①运用恰当的重音、语调、节奏等有效地表达意义、意图和态度等；②根据节奏和韵律创作英文诗歌；③与不同地域的人进行交流时，可以识别出其发音和语调的不同。高中英语语音技能知识的教学策略，根据高中阶段的特点，应该重点做好以下工作：

第一，强调语音学习的长期性、持久性，避免消极放松现象。许多师生认为，语音教学是小学或是初中入门阶段的重点，高中就没有语音问题，或即使有问题也因已经定型而难以改变了，因而放松了对语音的训练。其实，一般而言，小学或是初中只部分解决了流畅、自然和可懂性的问题，交际性的问题尚未解决。

第二，注重在常规教学中落实语音目标。一般而言，高中阶段无须经常性地进行专门的语音教学，主要应在以下环节中落实具体语音目标：首先，学习新词时，要让学生读准

音；其次，听力训练时，在关注意义完成理解任务的前提下，通过复听，关注说话者是如何利用重读、语调等表达意图的，并进行模仿；最后，学习课文后，需要清楚句子重音、意群、节奏语调等与语言意义的关系，根除机械朗读的不良习惯。

第三，适当组织一些英文诗歌、歌曲欣赏活动，感受其节奏和韵律。

第四，适当组织一些英语朗读、演讲、短剧表演等竞赛活动，激发兴趣、增强动力，促进语音总目标的逐步落实。

二、高中英语语法技能与语言知识的教学策略

第一，归纳和演绎相结合，灵活施教。针对某一语法项目，教师可以列出课文中的典型例句，让学生观察、思考，发现规则，也可以先简述规则，然后举例说明，或让学生提供例句。列出课文中的典型例句为归纳方法，先简述规则，然后举例说明为演绎方法。虽然方法不同，但是殊途同归：最终都要实现学生对语法规则的理解。归纳和演绎，正如分析和综合一样，是相互联系的。由于高中学生的思维能力已高度发达，因此，教师要尽可能引导他们通过自主、合作、探究去掌握规则。

第二，准确理解，充分练习，情景化活用，在实践中内化。准确理解语法规则是运用的前提。无论用归纳法还是演绎法，都必须达到这一目的。例如，定语从句中关系代词的用法，通过让学生观察例句，发现关系代词的两种功能：①桥梁功能，即连接先行词和定语从句；②替代功能，即代表先行词在定语从句中充当主语或宾语等。理解规则后，立即进行口、笔形式的练习，直至熟练，然后再设置不同情景，进行活用。至此，课堂教学程序基本结束，但是，若要克服回生和遗忘现象，使学生真正将知识内化，不仅要靠有计划的复习，更重要的是，要依靠学生在课外独立的听说读写活动，特别是在阅读活动中反复接触和运用。

第三，掌握工具，练就自学本领。由于学生的个性差异，课堂教学不可能解决所有学生的所有问题。因此，学生应备有一本简明的语法书。另外，教师不应主张学生太过依赖语法书，而是主张其碰到问题时随时查阅。

三、高中英语词汇技能与语言知识的教学策略

（一）话题集中识记，阅读中巩固

目前的高中英语教材，大多按话题分单元编写，这不仅便于听、说、读、写活动的有机结合，同时对词汇的识记、巩固、理解和运用也十分有利。学生可以集中学习大量与话

题有关的单词，在学好教材内容的同时，同步阅读英文报刊和互联网上的相关栏目文章。从多数新课标教材来看，每单元的生词量一般在 30~50 个。为了课外阅读的需要，有时还有必要做进一步的补充。

根据外语词汇学习研究成果和多数外语学习者的经验，采用集中与分散相结合、有意识记与无意识记相结合的策略学习词汇，效率较高。所谓集中识记，是指学生对每单元生词表中的单词，通过集中反复读写，强记其音、形、义，目的是解决认读问题，为顺利阅读扫清障碍。这种方式，可以充分利用有意识记的优点，在短时间内记住大量生词，然后通过阅读课文，立即以无意识记的方式加以巩固，这与背词典等孤立地记单词的方式有着根本的区别。

一般而言，若课文中生词不是太多，应该先让学生阅读课文，获取信息，同时猜测词义，而后再集中识记单词。但是，如果课文中有过多生词需要猜测词义，学生就不得不过多地关注这些生词，结果反倒影响其更应关注的东西——课文所要传递的信息。在这种情况下，则可在处理课文前集中识记部分生词。由于学生只识记了单词的基本词义，其在语境中的引申意义或与其他单词组合而产生的新义，仍会给学生提供猜测的空间。学生根据上下文猜测词义的能力，可以通过同一话题的课外阅读进一步培养。集中识记不仅可以在处理课文前进行，而且还应在单元教学期间和之后多次进行，只有这样有意识记与无意识记并行，学得和习得优势互补，学生才有可能完成长期而艰巨的词汇学习任务。

（二）词与句不相离，语境中深化

集中识词是解决大量单词的音、形、义记忆问题的有效方法。然而，对于一些积极词汇的正确用法而言，仍然需要在具体语境中给予重点关注。除了使用教材和相关课外阅读材料，教师还应该致力于积累生动而真实的语言素材，为学生的词汇学习提供丰富的营养。学生通过集中识词的方法，可以更好地记住大量的词汇，包括它们的发音、形式和意义。这种方法对于构建词汇基础非常重要，但它并不能解决所有词汇相关的问题。特别是在使用一些积极词汇时，学生需要在具体的语境中理解其准确的用法。为了帮助学生掌握这些积极词汇，教师不仅要使用教材和课外相关话题的阅读材料，还应该引入更多生动真实的语言素材，这可以包括使用真实的对话、新闻报道、故事和社交媒体内容等。通过接触真实的语言使用情境，学生可以更好地理解词汇的实际运用方式。

四、高中英语话题技能与语言知识的教学策略

掌握话题技能与知识，对外语的学习和运用都有着重要影响。有关生疏话题的语言材

料学习起来相对比较困难，而对一无所知的话题，即使外语水平再高，也难以表达。话题知识的目标，主要应通过外语教学的宏观设计来实现。高中英语话题技能与知识的教学策略，具体内容如下：第一，依托教材，以话题为核心，先关注话题信息，再组织语言知识和技能的学习和训练；第二，不要局限于教材，要创造条件，让学生广泛吸收教材之外的有关话题知识。例如，学习"Sports"这一话题时，应引导学生阅读英文报刊及网上的体育栏目文章，收听英语体育新闻等。这样一来，便使英语教学超越纯语言教学的狭小范围，发挥了扩大学生知识面、提高其文化素养的重要作用。

第四章　新课标背景下高中英语教学的评价

第一节　高中英语教学评价的原则与内容方法

一、高中英语教育评价的原则

"在高中英语教学过程中，合理运用评价有助于学生找回学习英语的信心，激发学生日常学习潜能，了解自身学习中存在的问题及优势，进一步调整英语学习对策，提高学生英语综合运用能力。"[①] 教育评价的原则是指在教育评价中，人们的评价语言、评价活动以及评价行为必须遵守的规则。它是人们在长期的教育评价的实践中，根据客观实际，对评价规律的归纳和总结。新课标背景下高中英语教学评价的原则，具体内容如下：

（一）方向性原则

方向性原则，即教育评价工作必须坚持正确方向，为教育目的服务。教育目的是一切教育活动的出发点和归宿，是一切教育活动的依据。教育评价是对参与到教育活动中的人或事物进行评价。因此，教育评价活动就是教育活动范围的一种形式。所以，教育目的应该而且必须是一切教育评价活动的出发点、归宿和依据。在教育评价活动中，否定哪些，肯定哪些，支持哪些，倡导哪些，坚持哪些等，都要服从于教育目的，并为教育目的服务。在教育评价活动过程中　如果忽视了为教育目的服务的原则，评价便会发生偏差。教育评价将教育活动往哪个方向指引，是由教育的根本目的决定的。我国教育的根本目的是：培养全面发展的人。总而言之，坚持教育评价的方向性原则，首先，要充分反映社会的需要和人的全面发展的要求，坚定不移地以国家的教育方针为依据确定评价目的，设计评价方案，组织评价的实施；其次，评价要与现阶段教育体制改革相结合，围绕教育的总

---

① 周红娟. 高中英语教学评价改革及创新探讨［J］. 新教育时代电子杂志（教师版），2017（17）：238.

任务，端正教育思想和教育观念，把教育宗旨渗透到实际的评价工作之中。

（二）整体性原则

教育评价的整体性原则是指对评价对象进行评价时，应该是多个单方面的综合，从整体出发，对整体与要素，要素与要素以及整体与环境相互之间关系的考察中进行科学的评价。整体性原则要求评价工作要做到全面，对评价对象从纵横多方向来考查。例如，评价一个教师，一方面看全校的教学水平，可以与全校同科、同级教师的平均水平进行比较，看其所处的位置；另一方面可与其自身发展相比较，找到进步与不足。教育评价贯彻整体性原则，可以促使学校和社会尽力为受教育者的全面发展创造条件，也促使教育本身健康和谐发展。

（三）科学性原则

科学性原则指教育评价要遵循科学规律，采取实事求是的科学态度，讲究科学的评价方法和手段，从客观实际出发，全面地考虑制约评价的各个要素，把定量与定性综合起来进行科学分析，得到切合实际情况的评价。评价必须具有客观性。不同的评价者对同一评价对象必须采用同一标准，对同一类型的客体要用统一标准。教学要确保评价的客观性、真实性，应该科学地确定评价的尺度和评价标准，避免主观随意性，对评价标准内容不能随意改动。总而言之，贯彻科学合理原则，首先，应该注重对教育评价自身的研究，特别是对评价标准的研究；其次，还要建立一个科学合理的评价指标体系。贯彻科学合理的原则，还要求结合评价本身固有的特性和发展实际，尽量采用现代化的科学成果。同时，在评价的方法技术和评价的手段等方面，应充分利用现代科学提供的有利条件，使评价信息的搜集更为全面、准确，使信息的处理更加合理，分析更加准确。评价标准要全面、具体，既有学习评价，又有能力技能评价；既有情感评价，又有思想道德评价。另外，评价标准一旦确定后，不能擅自变动，要自始至终保持一致性。

（四）可行性原则

可行性原则是指教育评价要在保证正确导向、科学合理的前提下尽量简便易行，以保证教育评价有效地开展。教育评价方案，必须考虑到可资利用的人力、物力和财力条件。如果一个方案设计得很好，但是，缺乏实施的人力、物力、财力条件，那么，这个方案就无法实现。这种脱离实际的评价方案就不具有可行性。总而言之，贯彻可行性的原则，要注意三个方面的问题：首先，评价指标体系的建立和评价内容的测定，应在保证正确性与科学性的前提下，简洁易行；其次，从实际出发，对不同情况区别对待；最后，要求整个评价工作以现有管理为基础，收集信息要利用已有资料，尽量不影响正常工作。

二、高中英语教育评价的内容

（一）对综合语言运用能力的评价

对学生英语综合语言运用能力的学习评价，一般是指对学生获取语言信息的能力，包括加工、应用、创造信息的能力，学习的调控能力，自我认识和自我超越能力等进行评价。对学生英语综合语言运用能力的学习评价应包括是否具有较强的感知能力、收读能力、搜集资料的能力，是否具有较强的记忆能力、思维能力、口头表达能力、动手能力和创造能力，是否能依据学习目标的要求制订和调整学习计划，自觉克服学习中的困难等。

（二）对情感态度和价值观的评价

学生的情感态度和价值观涉及学习的兴趣、动机、自信、意志和合作精神等影响学习过程和学习效果的相关因素，以及在学习过程中逐渐形成的祖国意识和国际视野。因此，对学生英语学习过程中情感态度和价值观的评价应包括：是否对英语产生学习愿望并进入适度的兴奋状态；是否能正确认识自己的学习优势与不足，乐于与他人合作完成学习任务；能否有意识地锻炼克服害羞和焦虑心理等。

（三）对学习过程与方法（学习策略）的评价

英语学习策略应包括认知策略、调控策略、交际策略和资源策略等。对学生英语学习过程与方法的评价，即英语学习策略的评价，应体现在学生能否在课堂上集中注意力，能否通过观察、分析和归纳，发现语言规律，提高记忆效果，能否在课内外使用英语进行交际或借助手势、表情及语调的变化等手段提高交际效果，交际遇到困难时能否设法继续交际等。

（四）对学生文化意识的评价

英语学习不仅要掌握语音、语法、词汇和习语，而且要知道以英语为母语的人如何看待事物，如何观察世界；要了解英语本族人如何用英语来反映其社会思想、习惯以及行为；要懂得目的语的"心灵之语言"，即社会文化。因此，英语学习评价还应包括：对学生目的语文化意识的评价。对学生目的语文化意识的学习评价应包括：是否理解英语中的常用成语和习语及其文化内涵，是否了解英语国家的文化、风土人情等背景知识，是否形成跨文化交际能力，是否通过英语学习形成世界意识，是否具有认识和分析不同文化的差异和共性的研究能力等。

三、高中英语教育评价的方法

（一）测验法

测验法通过测验、测查、考试等形式收集学生学习行为的结果，是针对性较强的定量化获取教学信息的工具。测验法在高中英语教育评价中的应用较为广泛。测验法根据教育目标，通过编制试题、组成试卷来对学生进行测试。教师通过测验可以从各种评价目的出发获取必要的资料。针对不同的教学对象施以相应的测验，就可以在同一条件下，同时从很多学生那里收集到教学评价资料。测验法目前逐步走向标准化。标准化测验的特点是：①评分具有客观性；②测验内容的范围广；③有标准可以对照；④测验的信度高和效度高。整个测验的设计，无论是从环境和过程上来说，还是从评分的标准与方法，分数的转换、解释来看，都必须经过严格化、科学化、标准化，以确保整个测验结果的客观与可信。

测验根据完成方式的不同可以分为纸笔测验和操作测验。纸笔测验指被测验者以文字形式在试卷上完成测验。操作测验指被测验者通过动手操作而非书写来完成测验。在英语教学之中，每次的期中考试、期末考试为纸笔测验。若要测试某个学生的听说能力，就需要操作测验来完成。英语测验的主要内容是为了测试学生的英语技能和应用。

测验法是一种量化的评价方法，在信息处理上需要运用一定的英语统计工具。评价结果以数据的方式进行呈现，而且测试项目都有一定的分数作为基准，并且存在标准答案。因此，测验法具有一定的局限性，它只适合评价基础知识和基本职能。而学生学习的表现无法从一组数据上表现出来。测验法无法评价学生对英语的学习兴趣、学习情感体验等。因此，在进行教育评价时，测验法不能单一使用。在使用这种评价方式的同时，评价者也应当运用一些质性的评价方法。

（二）观察法

观察法是评价者有目的、有计划地通过对教育评价对象的活动进行系统、深入的观察，收集评价资料的一种方法。观察法不同于纯粹的日常观察。纯粹的日常观察所得到的印象笼统、含糊，或属于主观臆断。而观察法是按照要求，进行科学的控制，明确观察的内容要点，制订观察计划，记录观察结果，是一种有计划的观察活动。例如，在课堂教学评价中，课堂的气氛、师生双边活动、教师的教态和板书等，只有通过深入课堂实地观察，才能掌握真实情况，为评价提供可靠依据。

观察法适用于对教师、课堂教学和学生学习的评价。评价者可以客观、生动地直接获得语言难以表达的第一手资料，获得被评价者从事某种活动全过程的材料。观察不妨碍被评价者正常的工作、学习和生活，不会对被评价者产生不良后果。与其他方法相比，观察法简便易行，不需要特殊的条件。因此，如果是外部评价人员和专业教育研究者，可以通过观察法来了解教师的工作情况、课堂教学的情况以及学生的学习情况。英语教师也可以通过日常的自然观察，对学生的学习状况和各方面发展进行信息搜集。英语教师有着可以每日与学生直接接触的条件。通过与学生直接的接触，教师能够看到学生最为真实的表现。但是，观察法只能观察事物的外表现象，不能观察事物的本质，而且易受观察者意识形态、价值观念、情感色彩的影响，结果可能带有一定的主观性。它还容易受具体时间、空间及情境的限制。因为某些事件是在一定的时间、空间及情境下发生的，因此，错过了这个时间、空间及情境，就不会再发生。所以，在教育评价过程中，不能将观察法作为唯一的评价方法来应用。

第二节　新课标背景下高中英语教学中的良性评价

近年来，随着新课程标准的实施，教师除了为学生传授知识与技能，还要注重发挥评价作用。科学合理的评价能激发学生的学习兴趣，提高教学的效率。"教学评价作为检验教学成效的有力标尺，一直是教育界研究者重视、热议的研究话题之一。"[①] 高中英语教师在新课标背景下，需要积极创新和改革评价方式，以良性评价带动英语学科发展，不断激发学生探究英语知识兴趣，进一步提高英语教学效率和质量。新课标背景下高中英语教学中的良性评价方法如下：

一、重视差异化评价

在新课程改革背景下，每个学生呈现出显著的学习水平和性格特征等差异，正因如此，传统教学模式已不适用于现代教学趋势，更无法满足学生日益增长的个性化学习需求。如果教师依旧运用传统教学方式只会拉大学生间的差距。全新教育背景下注重学生个

---

① 万吉. 高中英语教学评价体系的现状反思与改进路径 [J]. 现代交际，2019（18）：206.

体差异，分层教学法无疑是实现共同提升和发展的重要方式。高中英语教师在教学中引入分层教学法，并对其实施评价能较好地激发学生探究英语知识的潜在渴望，提升学生自主学习意识和学习能力，并促使学生养成善于发现问题和解决问题的思维方式，强化英语学科素养。教师可从以下方面实施差异性评价：

第一，充分了解学生差异，合理划分小组。合作探究学习是当前课堂教学常见方式之一，具有显著的互助性、参与性、探究性、互动性等特征，教师可将学生分为若干小组并为其布置学习任务，调动每个学生参与学习的积极性和主动性，提高学习效率。

第二，结合个体差异优化评价目标。实施差异化评价的重要参考依据即准确了解学生学情。教师不仅要充分了解学生学情，更要关注学生情感态度价值观、个人知识与能力等各项需求。对此，在设置差异化评价目标时，须贯彻具体和严谨原则，与此同时，还须围绕基础教学目标选择教学内容，并合理设计教学步骤，降低学生学习难度，提高英语学习能力。此外，教师在评价过程中须合理控制各个因素，建立的教学评价体系须满足自身的可靠性与准确性，由此才能充分体现和发展教学评价的积极作用，使学生得到客观且真实的评价，提高学生学习效率的同时推动教学改革。

二、重视形成性评价

所谓形成性评价，即教师通过评价了解学生理解和掌握知识情况，并在此过程中发现教学中出现的问题，便于及时调整教学策略，提高教学效率。和终结性评价相比，形成性评价注重考查学生日常学习过程表现、学习成绩以及反映出的情感态度，是对学生学习全过程持续观察与记录后进行的发展性评价。形成性评价评价方式在于调动学生探究知识的积极性，促使学生结合实际情况对自身学习过程进行调控，提升学习自信心，强化学习体验。形成性评价具体可从以下方面着手：

第一，凸显"启迪性"。在英语教学中应用形成性评价目的在于：调动学生学习英语的积极性，引导学生主动参与教学活动，所以凸显教学评价启迪性可以较好地锻炼学生思维。所谓启迪性，即肯定学生取得进步的基础之上，以引导启迪形式拓宽学生的学习视野，丰富情感体验，提升学生学习英语的自信心。教师在此过程中，应注重学生参与教学活动热情，善用表扬和赞赏等肯定语气激发学生情感。同时，注重评价学生表达运用情况，使语言表达和应用成为强化学习技能驱动力，提高英语学习效率。

第二，凸显"欣赏性"。毫无疑问，教师欣赏是学生持续探究学习的驱动力。当学生在课堂学习中有突出表现时，教师适时夸赞能使学生体验到学习成就感与乐趣，强化自我效能感，维持英语学习的兴趣。学生在教师持续重视中，可以清晰认识自身语言学习发展过程和学习需求，故而教师须给予学生足够的信任与尊重，让学生感受到自身是课堂教学主体。通过欣赏性评价能挖掘学生学习潜力，有利于形成和谐的师生关系，提升学生学习效果。

三、重视真实化评价

教师在评价过程中，立结合学情为学生设置真实评价任务。所谓真实评价任务，即对未来职业或现实世界中面临的活动进行模拟，具有显著的灵活性、整体性与情境化特征，要求学生在完成评价任务时运用批判性和问题解决等高阶思维，与此同时，教师须创设真实性情境，使学生展示技能时进行反思。教师在设计真实评价任务时，须充分考虑课堂教学开展真实化评价任务的特征。具体可从以下三点设置真实评价任务：

第一，材料语言真实性。不同类型材料须与相应的文体特征相符，相关研究指出，当前语言教材中运用的听力材料均为发音清晰、语速平缓以及句型完整的真实发音，只有保证语言真实性，才能使学生进入真实语言环境中运用所学知识完成任务。

第二，保证材料来源真实性。高中英语教师可广泛运用网络资源中的国内外热点话题等材料，突破教材限制。

第三，明确评价任务目的。如果想要使任务具有真实性，那么就要观察任务，是否能使学生运用目的语交际或是否能解决实际问题。

评价在课堂教学中发挥着重要作用，高中英语教师须充分重视评价优势作用，激发学生参与英语学习活动的积极性和主动性，并养成自主探究等良好习惯，充分发挥学生主体作用，提升学生学习效率和教师教学质量，为终身学习和发展奠定坚实基础。

第三节 新课标高中英语课堂教学中的模块评价探析

在知识经济信息化、全球化的影响下，高中阶段的课程改革受到了前所未有的重视，世界各国也都将其作为核心工作之一，从而适应日益变化的社会、政治、经济、文化的需要。作为基础教育改革的亮点，高中阶段课程的结构发生了重大变化，其中"模块课程"的概念成为新课程结构改革中的高频词。在内容上的相对独立性、综合性和开放性；在课程结构上的多层次，模块课程表现出综合、开放、灵活的特点，可以涵盖更为广泛的主题，突破学科的界限壁垒，灵活地进行组合，既为学生提供更多的选择，又可以及时进行更新，更好地适应工业技术迅猛发展的要求。

随着新课改的实施，教学评价作为教学体系中重要的组成部分，也发生了很大的变化，它提倡过程性评价和终结性评价相结合的评价方式，既关注结果又关注过程。过程性评价和终结性评价的结合有助于构建发展平台，适应个性的需要，关注学生情感，使评价更具操作性和拓展性。鼓励学生超越自我，能使教学评价体制更具延展性。

高中英语教材采用了"模块课程"的形式，每一个模块都以一个特定的主题作为该模块组织的核心，围绕这一主题开展课程内容，有明确的教育目标，结合学生经验和社会现实，形成相对独立的"学习单元"。模块间的衔接关系也不是简单的线性递进关系，而是有不同的结构，包括传统的单项递进式的结构、横向并列的结构以及交叉的结构。

"模块课程"的类型大体分为三种：①基础型模块，主要体现学科的基础知识和基本技能；②拓展型模块，旨在拓宽学生的知识视野；③活动型模块，主要目的在于训练学生的实践与动手能力。对于基础型模块，书面笔记的形式是有效的；对于拓展型模块和活动型模块最好采用开卷式的测验，或是解决一个问题，写一篇论文，进行表演等，他们更加注重学生的表现。将以上这些内容概括起来，即为终结性学习成绩测验和过程性评价。

一、高中英语模块课程的过程性评价

过程性评价在英语教学中应用的理论依据是由新课标的要求及过程性评价的自身特点决定的，同时也符合建构主义的理论要求。在建构主义的认知中，学习者可以通过新旧知识的交融来构建新的知识体系。过程性评价的引入使教育评价从单向转到了双向，学生由评价的客体转为主体，学生获得了教育评价的知情权、发言权和决策权，参与评价的整个过程，充分了解教学评价目标、标准和步骤，减少了担忧心理，这样有利于学生对自我学习进行监控和评价，进而促进学生自主能力的提高。

二、高中英语模块课程的终结性评价

终结性评价是在教学活动发生后，关于教学效果的判断。终结性评价和过程性评价，一起担负着检测学生语言能力，促进学生能力发展的需要。终结性评价以模块测验的方式进行，体现学生对语言的实际掌握能力，而不是相对能力。通过每个模块的检测，能够获知学生对该模块的掌握水平。测验试题既能考查学生的基础知识和基本技能，又能考查学生的语言综合运用能力。

总而言之，评价方式的改革是新课程改革的一个方面，而科学的教学评价方式是良好教学质量的保障。高中阶段开设英语课程的目的是让学生通过学习英语来促进情感、态度、价值观的变化，从而提高学生的综合素质。因此，探究良好的评价体制是新课程改革的需要，同时，也是社会进一步发展的需要。

第五章　新课标背景下高中英语教学改革的实施

第一节　新课标背景下高中英语教学改革的反思

新课标是为了响应新课改，促使高中英语实现素质教育所制定的教学纲领，对高中英语教学有着深远的指导意义。"在新课标的指导下，高中英语的各个教学因素都发生了新的变化，比如教学方法、师生关系、人才培养目标、教学策略、教学技术、教学评价等，促使高中英语教学不断更新与优化自身的教学结构。"[①] 下面从更新英语教学理念、重视运用教学技术、改革英语教学评价三个角度，来探讨新课标背景下高中英语教学改革的反思。

一、更新英语教学理念

教学理念关系着高中英语教师所实施的教学行为，影响着高中英语课程的人才培养方向。新课标指出，高中英语教学的基本教育理念包括：发展英语学科核心素养、满足学生个性发展需求、提高学生学用能力等内容，这些内容都要求高中英语教师要以学生为中心，保证高中生能够在英语学习中掌握学习的主动权，使学生在英语学习中获得终身发展所需要的关键能力与必备品质。所以，高中英语教师必须以新课标所提出的教学理念为基础，深入分析这些教学理念的内涵与要求，将理念转化为行动，培养学生的英语素养，提升他们的英语语言应用与创新能力。

二、重视运用教学技术

新课标明确指出，教师要重视现代信息技术的应用，丰富英语课程学习资源，实现

---

① 孙娜. 新课标下高中英语教学改革的感悟 [J]. 科普童话：新课堂，2019（3）：1.

"线上+线下"的混合式教学，不断丰富与拓展高中生的英语学习范围，为锻炼与提升高中生的英语素养提供多层次的英语课程资源。所以，教师应该树立更新教学技术的意识，开发与利用现代信息技术，促进英语教学与现代信息技术的深度融合，全面提升高中英语的教学水平。信息化教育手段与信息软件的开发与更新速度很快，高中英语教师应该根据教学需要选择相应的现代化电教手段，如多媒体、人工智能、微视频等，不断提升学生的自主学习效率，全面落实核心素养教学。

三、改革英语教学评价

教学评价始终贯穿教学过程之中，而新课标也指出新时期下的高中英语教学要"完善英语课程评价体系，促进核心素养有效形成"。随着教学理念与人才培养方向的变化，高中英语教学开始将英语核心素养作为教育教学的终极追求目标，这就直接促使高中英语教学评价不再只是关注学生的英语成绩，而是同样关注学生的英语语言能力、英语思维能力以及他们在英语学习中所形成的品质与态度。在这个时代背景下，英语高考制度也发生了相应的变革，如考试方向应以学生的综合评价为主，教师应根据学生的学习表现展开全方位的数据分析，综合考虑学生的学习表现与学习结果等。

为了全面落实新高考制度以及新课标所提出的教学评价要求，可以用"课堂表现+成绩考试"的方式构架英语评价机制。在"课堂表现"评价中，教师可以发放学生意见调查表、学生成长记录袋，利用现代信息技术录制与收集学生在英语课堂上的学习表现，反复分析与评测学生在英语课堂上的学习表现，通过学生神情与举止变化来判断所设计的教学活动是否适合学生，有利于学生的全面发展。例如，教师可以即时反馈装置来组织课堂评价教学，通过即时反馈装置所提供的学情数据，如学生回答问题的次数、学生参与课堂探究的次数等来判断学生的课堂参与度与学习积极性。当然，也不要排斥考试评价，要学会利用考试评价来检测学生的学习效果，通过学生个人成绩波动表来分析学生的进步与不足，使学生能够受到成绩激励，始终保持积极的学习态度。

总而言之，新课标是高中英语教学的指导方针，高中英语教师必须反复阅读、深入剖析新课标所提出的教学建议，然后选择符合新课标的教学策略，保证高中英语课堂结构符合学生的英语学习需求，使每位学生都能在英语学习中受益终身。

第二节　新课标背景下高中英语教学方法的改革

新课标的实施对高中英语教学提出了更高的要求，高中英语课堂的教学模式也发生了重大的改变，在一定程度上取得了创新的成果，但是由于传统教育方式以及应试评价模式的影响，高中英语教学改革上仍存在一定的不足，这就需要高中英语教师能够及时发现问题，勤于实践创新，不断探索适合高中英语课堂的教学方法，树立正确的教学观念，才能有效提高课堂教学效率，提高学生的学习水平，满足新课标对英语教学的需要。

　　英语作为高中生的必修课之一，一直以来都是高中生学习的重点和难点，包括在学生走入社会以后，能熟练应用。英语在某些职业中是必备的语言，由此可见高中英语学习的重要性，高中英语教学的任务不仅是要求学生能够掌握基本的听、说、读、写的技能，还要有较高的英语应用能力，这也是新课标对于完成英语教学的目标与任务。教学方法的改进则是推动英语教学的有效助力，教师以学生为本，因材施教，对英语课堂进行改进和创新、构建高效英语课堂、促进学生英语水平的提升大有裨益。

　　新课标对于英语教学的改革重点在于学生如何学，而不是教师如何教，因此教师应当转变思想，明确自己的定位，教师要突出学生的主体地位，将自己从演讲者的角色转换到课堂的设计者和参与者，给学生创设良好的学习环境，帮助学生答疑解惑，辅助学生掌握学习方法，引导学生正确的学习目标，与学生一起投入探究、发现的课堂活动。

　　高中的英语教育是面对全体中学生的，是高中生的基础课程之一，高中英语教学的目的是培养全体学生的外语素质，并且满足升学和未来发展的需要，因此教学目标应定位于大部分学生都能达到的标准，而不是偏向于高精尖的专业教育，教师在授课过程中也应当注重培养学生语言应用的能力，促进学生的全面、均衡发展。

　　新课标要求英语教学要以学生为本，让每一个学生都参与到课堂学习中来。教师应当以学生的需求为依据，充分利用课程资源，根据学生不同的水平进行分层次教学，并在教学过程中注重与学生的情感交流与沟通，让学生乐于学习，善于学习。英语教材不应当成为阻碍学生发展的绊脚石，教师要善于从教材中挖掘更多的语言、文化知识，设计更多生动有趣的课堂活动，让学生着迷于课堂，与教师进行双向交流，实现教学互动，根据新课标修改的教材给教师提供了很大的发挥空间，教师可以通过教材来拓展更宽的知识面，并通过做任务、共探究、寻合作等教学方式让学生主动搜集与教学相关的资源信息，提高学生的动手能力和表达能力。

　　在高中英语教学中，灌输式教学已无法满足现代社会对于教育的需要，在新课标的指引下高中英语教学做出了许多新的尝试，如分层次教学、合作式教学、探究式教学、任务驱动教学、情感教学、多媒体教学等，都是以学生为课堂主体，促进师生之间、生生之间的互动与交流，完成学生课堂体验，让学生在一个轻松活跃的课堂气氛中进行学习，并充分利用课后时间，开展阅读、讲座、故事会、校园广播、情景对话等趣味活动，培养学生的自主学习能力、英语应用能力，促进高中生英语综合素质的不断提升。

第三节　新课标改革下高中英语翻转课堂的实施

随着信息技术的发展，"互联网+"成了新的发展趋势，实际上是在知识社会创新2.0推动下由互联网形态演进、催生的经济社会发展新形态。新课标"倡导实践英语学习活动观，着力提高学生学用能力，提倡自主学习、合作学习、探究学习等多种学习方式。这对课堂教学模式、教师角色、学生任务等都提出了与以往不同的要求，它要求课堂要以学生为主体，充分激发学生在学习过程中的学习积极性和主动性。这一新要求与翻转课堂的教学理念不谋而合"[①]。

为了适应新课改的要求，在"互联网+教学"背景下开展翻转课堂可以弥补传统教学模式的不足，调动学生的学习兴趣，营造良好的学习氛围，在一定程度上提高教学效率。翻转课堂这一新型的教学手段为高中英语课堂注入了新的活力，在教学中发挥了学生的主体地位，突出了教师的主导作用，不仅符合新课改的教学要求，还有利于促进学生的全面发展。

翻转课堂也被叫作"颠倒课堂"，是一种新型的教学模式。翻转课堂的定义是重新调整课堂内外时间的，将学习的决定权从教师转移给学生，突出学生的主体地位，发挥教师的主导作用。翻转课堂教学模式下的学生更加珍惜课堂时间，提高了学习主动性。"互联网+教学"背景下的翻转课堂为教师和学生提供了便利，教师可以不再占用课堂的时间来教学知识，学生可以在课前完成自主学习，借助互联网可以观看视频讲座、阅读电子书等，还能在网络上与同学进行讨论，利用互联网学习丰富的在线课程，能在任何时候去查阅需要的材料。总而言之，互联网时代催生的翻转课堂，优化了传统教学模式结构，加快了教学改革，有利于提高教学质量。

高中英语教学在整个教学中占有重要的地位，是学生向更深入学习的基础。但是由于受应试教学的影响，导致教学效率停滞不前。随着新课改的深入发展，高中英语教学也创新了教学模式，引进了翻转课堂。虽然翻转课堂具有众多的教学优势，也弥补了传统教学的缺陷，但是新的教学模式要想被熟练应用还需要经过一段时间的适应过程，所以在具体

---

① 许名央，吴慧珍. 新课标改革背景下翻转课堂教学模式在高中英语课堂的实施 [J]. 海外英语，2019，(24)：211.

的应用中不可避免地出现一些问题。常见的包括教师对自转课堂理解不透彻、大量的视频制作增加了教师的教学压力等。另外，部分教师对"互联网+"应用不熟练，在制作教学软件时缺乏创新性，只能制作简单的PPT，无法达到教学效果，在一定程度上阻碍了翻转课堂的开展。

一、高中英语翻转课堂的实施优势

（一）加强学生学习情况掌握

新课标改革下高中英语翻转课堂的开展，让教师和学生位置进行了转换，这也充分地将学生的学习情况展现在了教师面前。互联网下的翻转课堂逐渐成了新的教学发展趋势，为高中英语教学注入了新的活力，教师可以借助互联网开展教学，还能及时地掌握和跟进学生的学习状况，为教师和学生提供了方便。教师还能针对学生的实际学习情况，为学生提供针对性的指导和学习建议，从而提升学生的学习成绩。

（二）提升英语教学整体质量

高中英语翻转课堂重新调整了课堂时间，在教学中重视学生的主体地位，结合学生的学习特点来教学，激发了学习兴趣。翻转课堂层层递进的特点也为教学的顺利开展提供了条件。在各种信息技术的支撑下，学生可以顺利地完成各个阶段的英语学习，不仅能加深教学印象，还能巩固课堂知识，提高教学质量，也为学生更深入的学习奠定了基础。

（三）提高学生学习的主动性

翻转课堂是在"互联网+教学"背景下引进的新的教学模式，实现了与"互联网+"的融合，让学生也更加专注课堂教学，还能利用互联网进行线上或者线下的英语学习，既能增加师生之间的交流，还能培养学生的思维，在整个教学中也充分地展现出了教师的主导作用，营造了良好的学习氛围，提高了学生的主动性，有利于学生自身的发展。

二、高中英语翻转课堂的具体实施

新课标改革下高中英语翻转课堂的具体实施，对提升高中英语教学质量具有重要的意义。为了更好地帮助教师合理地应用这种新的教学模式，教师可以适当地应用以下学习环节，从而发挥出翻转课堂的最大价值。

（一）课前自我学习环节的实施

英语是世界通用语言，学习英语对学生发展意义重大。对高中英语而言，英语学习并不是一件简单的事情，与其他学科相比存在一定的难度。而且英语学习必须重视平时的日积月累。课前预习就英语教学而言是非常关键的一步，也是教学任务的一项，重视课前预习可以加深对知识的理解，对提升课堂效果和学习质量具有重要的作用。在新的时代背景下提升预习的效果，在课前的预习环节，教师可以提前将制作好的视频上传到教学平台，让学生自主进行观看学习，从而掌握课堂要学习的知识，并将学习重点进行掌握，这样在课堂中可以提高课堂效率，保障教学效果。

（二）课堂教学模式的实施

完成预习就需要正式进入课堂模式。课堂教学是展现教师主导作用的环节，围绕课本内容进行教师授课。教师在课堂上要增加师生互动，可以对学生的预习情况进行排查，然后结合教学计划针对性地安排学习任务，可以进行分组，利用小组模式来加深学习记忆，提高学生的学习主动性。

（三）课后复习与预习的实施

课后预习是对课堂知识的回顾和记忆加深，这对英语教学而言是非常关键的。教师可以在课后为学生进行指导，然后将课堂视频上传到教学平台，让学生结合自身的情况来加深知识记忆和理解。在课后复习环节对难理解的可以向教师请教，教师可以再平台解答学生的疑问，从而增强学生的学习积极性，帮助学生取得理想的成绩，促进学生的发展。

综上所述，新课标改革下高中英语翻转课堂弥补了传统教学模式的不足，实现了与"互联网+"的有效融合，不仅提升了教学质量，还提高了学生的英语学习能力。为了发挥出翻转课堂的教学价值，在高中英语教学中还要合理地应用，调动学生的学习积极性，提高学生的英语素养，促进学生的全面发展。

第四节　新课标改革下高中英语课堂高效教学的实施

随着新课程改革的全方位推进以及全面落实，新的教学方法和教学模式不断涌现，高效课堂这一理念应运而生。所谓高效课堂，就是教师在有限的课堂时间内发挥自身的主导作用，并充分调动学生学习的主观能动性，从而有效激活学生的思维，促使他们积极参与、踊跃发言，从而获得较大程度的发展。英语是世界通用的语言，所以英语的功能价值已经远远超越了语言本身。因此，高中英语教师要运用符合新课标理念的教学方法，激发起学生的英语学习兴趣，从而创建以生为本的高效课堂。

新课标背景下，学生是课堂学习的主体，只有学生全身心地参与到课堂学习活动中，他们才会学习到更多的语言知识点以及表达技巧，才会形成一定的语言能力。而且语言学科的实践性非常强，即便学生学习了拼读规则，掌握了相应的语法结构，但是假如学生不能展开有效的听、说、读、写练习，那么他们的学习效率也会受到影响。因此，高中英语教师要多措并举，提升学生的学习效率以及课堂教学效率。

一、高中英语课堂高效教学之竞赛活动

竞赛活动本身就能够营造出紧张激烈的学习氛围，再加上一定的奖惩措施以及相关仪式，更是能够充分调动起学生学习探究的主观能动性。尤其是对于高中生而言，他们已经构建了一定的英语知识体系，也有着较强的表现欲望，因而教师完全可以组织学生展开相应的竞赛活动，从而充分挖掘学生的学习潜力。

第一，教师可以组织学生展开词汇方面的竞赛活动。比如"respect"，当学生已经理解这个词汇表示的具体含义之后，教师可以促使学生写出尽可能多的关于这个词汇的短语，并写出关于短语的句子，在一定时间内写出短语以及句子数量最多的学生获得比赛胜利。学生可以写"command respect"，写"give one's respects to"，写"have respect for"等。

第二，教师可以组织学生展开朗读方面的竞赛活动。朗读是语言学习的重要方式，有效的朗读活动既能够促使学生感悟到语言的节奏与情感，又能够促使学生形成一定的语感，还能够帮助学生加强对词汇以及语法知识点的理解与记忆。而且朗读活动中，学生需要注意英语语句中的连读、略读以及重读，因而朗读又能够促进学生的英语听力。因此，教师可以抽出固定的时间，组织学生展开朗读比赛，并结合学生的发音、停顿以及情感表达等给出相应的评价。

二、高中英语课堂高效教学之情景教学

语言的运用都是基于一定情景的，因此，英语教师可以结合具体的教学内容，创设具有一定情绪色彩的、以形象为主体的生动具体的场景，以引起学生一定的态度体验，从而有效发展学生的语言能力。

第一，教师可以创设生活化的语言交流情景。英语是一门语言，学生学习英语的重要目的就是运用英语展开有效的沟通交流，而且英语教材中的很多内容都与学生的日常生活息息相关。因此，教师完全可以创设生活化的情景氛围，引导学生展开相应的讨论交流。如"Body language"这一部分的主题就是身体语言。身体语言在日常生活中的运用频率非常高，很多时候，几个人之间的沟通交流，即便是没有一句话，甚至是一个字都没有，但是只要一个简单的动作，别人瞬间就能明白其表达的意思，这就是身体语言的魅力。因此，教学该部分内容时，教师可以在讲台上做出相应的动作，然后要求学生运用英语表达出教师身体语言的具体含义。教师也可以做出某种身体语言后，让学生讨论该种身体语言在不同国家、地区所表达的具体含义，从而有效培养学生的英语思维。

第二，教师可以借助多媒体课件创设语言交流情景。教育信息化是现代社会的发展趋势，教师可以借助多媒体课件的直观性与便捷性来创设相应的语言交流情景。如"A taste of English humour"，这部分内容主要是引导学生品味英语的幽默，教师可以运用多媒体课件直观呈现著名的喜剧人物，如卓别林，然后促使学生尝试着运用英语讨论他们观看过的卓别林的喜剧影视。当然，学生可以运用英语分享他们对喜剧的理解，甚至可以大胆创新，表演喜剧，从而让学生在较为轻松的氛围中展开英语的听、说、读、写练习。

三、高中英语课堂高效教学之导学案教学

英语学科中涉及的知识点非常多，既有词汇、句子，又有语法、段落，而且学生还需要展开相应的听力练习，阅读拓展以及写作练习。如果学生在课前一丁点儿都不了解将要学习的知识内容，那么学生在课堂上的表现就非常被动。凡事预则立，不预则废。因此，教师不妨在课前设计与教学内容相关的导学案，让学生在课前展开词汇的拼读与记忆，重点语句、对话以及短文的朗读预习，从而让学生以饱满的精神状态参与到课堂学习活动中。在英语课堂上，教师要检查学生的课前预习情况，如让学生朗读词汇，朗读课文内容，让学生回答与词汇相关的问题，让学生运用某个词汇造句等。如果教师发现有学生的课前预习效果非常好，那么教师可以引导其分享相应的预习方法，并号召其他学生向其学习。如果教师发现，大部分学生都对某一重点知识的理解存在问题，那么教师就要把其作为重点内容来阐述，从而全面提升课堂教学的有效性。

四、高中英语课堂高效教学之激励教育

英语知识点的学习与运用，就是一个熟能生巧的过程，如果学生能够掌握适合他们自身的学习方法，那么就能够锦上添花。如果学生没有好的方法，但是学习态度端正，适时

地加强复习巩固，那么学生的英语水平也不会太差，最害怕的就是学生的懒惰与放弃。因此教师要加强对学生的正激励，从而有效挖掘学生的正潜力。

第一，教师可以运用目标激励，引导学生养成良好的学习习惯。比如学生的英语学习能力较强，那么他可以将学习计划制订为每天至少记住一个字典上的词汇，每天至少阅读一页课外读物，每天至少大声朗读英语 10 分钟等。如果学生保质保量地执行学习计划两个星期，那么学生就可以奖励一下自己。比如学生的英语学习能力较欠缺，那么学生就可以围绕教材制订相应的学习计划等。

第二，教师可以运用榜样激励，引导学生自觉规范自身的行为。很多时候，学生之所以会放弃学习，是因为他们内心中认为，即便自己非常努力，也无法取得理想的成绩，所以他们就会自我放弃。其实，学生欠缺的就是坚持不懈的追求精神以及破釜沉舟的勇气，很多著名人物的学习与成长也并不是一帆风顺的，他们成功的重要原因就是坚持与不放弃，因此教师完全可以借助名人事例来加强对学生的榜样激励。无论学生处于一种怎样的学习水平，都要有好的学习态度，并能找到恰当的学习方法，然后才能取得良好的学习效果。

总而言之，高中英语高效课堂的创建需要师生之间的共同努力，离开了任何一方的积极参与，课堂教学的有效性都会受到影响。因此，高中英语教师要选择合适的教学方法，运用导学案教学、情景教学、小组合作、激励教育等方式来提升教师教的效率和学生学的效率，从而创建以生为本的高效课堂。

第六章 新课标背景下高中英语教学人才的创新培养

第一节 新课标背景下高中英语教学人才面临的挑战

在新课标背景下，高中英语教学人才面临着一系列挑战。新课标的实施旨在提高学生的综合素质和语言能力，使他们更好地适应社会发展的需要。然而，这也给英语教学人才带来了一些新的考验。

第一，新课标要求英语教师具备更广泛的知识面和深入的专业素养。传统的教学方法和内容已经不能满足新课标的要求，英语教师需要不断学习和更新教育理念、教学方法和最新的教材资源。他们需要掌握更多的教学技巧，包括教学设计、评价方法和学生辅导等方面的知识。这需要英语教师具备良好的学习能力和自我提升的意识，积极参加培训和专业交流活动。

第二，新课标注重学生的主体地位和自主学习能力的培养。这就要求英语教师从传授知识者转变为学生学习的指导者和促进者。他们需要培养学生的学习兴趣和学习策略，引导他们主动参与课堂活动和课外学习。这对于英语教师来说是一个巨大的挑战，需要他们灵活运用不同的教学方法，如合作学习、项目学习和探究式学习，激发学生的学习热情和动力。

第三，新课标提倡跨学科的教学，强调语言与其他学科的融合。这要求英语教师具备跨学科教学的能力，能够将语言知识与其他学科的内容相结合，帮助学生更好地理解和应用英语知识。这需要英语教师积极与其他学科的教师合作，进行教学资源和经验的共享，提高教学的质量和效果。

第四，新课标要求英语教师注重培养学生的综合语言能力，而不仅是语法和词汇的掌握。这意味着英语教师需要关注学生的听、说、读、写、翻译等各个方面的能力培养，注重培养学生的语言运用能力和跨文化交际能力。这对于英语教师来说是一个全新的挑战。

因为传统的英语教学往往偏重语法和词汇的教学，而忽视了学生实际运用语言的能力。因此，英语教师需要研究和采用更多的教学资源和方法，包括真实语境下的沟通活动、角色扮演、辩论和写作任务等，以提高学生的语言表达和交流能力。

除了以上挑战，新课标还强调评价的多样化和个性化，这意味着英语教师需要设计和实施多样化的评价方式，如口头表达、书面作业、小组合作项目等，以全面了解学生的学习情况和能力发展。他们需要及时反馈和指导学生，帮助他们克服困难，提高学习效果。

总而言之，在新课标背景下，高中英语教学人才面临着广泛而深刻的挑战。他们需要具备广阔的知识视野、灵活的教学方法、跨学科的教学能力以及注重学生综合能力培养的意识。只有不断更新自己的教育理念和教学技能，才能更好地适应新课标的要求，培养出适应社会发展需要的英语人才。同时，教育部门和学校也应提供更多的支持和培训机会，促进英语教师的专业发展，以提升整体教学质量。

第二节　新课标背景下高中英语教学人才能力的培养

在新课标背景下，培养高中英语教学人才的能力是至关重要的，以下是一些关键方面，可以帮助培养高中英语教学人才的能力：

一、注重知识与理论

知识与理论是培养高中英语教学人才的重要基础。教师需要具备坚实的英语语言知识和教学理论基础，这是他们成为优秀的英语教师的基石。教师应该深入了解英语语言的各个方面，包括语言结构、语法、词汇和语用等，他们应该熟悉不同语法结构的用法和特点，了解单词的含义、用法和搭配，以及语言在不同语境中的使用方式。

除了英语语言知识外，教师还应该熟悉教育心理学和语言教育学的基本理论。他们应该了解学习者的发展特点和学习方式，以便根据学生的差异性来设计和实施有效的教学策略。他们应该了解语言教育学中的重要概念和原理，如交际法、任务型教学和学习策略等，这些理论指导可以帮助教师设计有针对性的教学活动和任务，以促进学生的语言学习和沟通能力的提高。

教师的知识与理论基础是他们在课堂上能够传授准确、规范和富有启发性的英语知识的关键。通过深入了解英语语言和教学理论，教师能够更好地指导学生的语言学习，解答学生的疑惑，并提供有效的语言反馈和指导。这样的基础也使教师能够更好地适应教学环境的变化，应对不同学生的学习需求，提供高质量的英语教育。

二、关注教学方法与策略

教学方法与策略对于培养高中英语教学人才的能力至关重要。教师应该具备多样化和有效的教学方法与策略，以满足学生不同的学习需求和提高他们的学习成效。在新课标背景下，教师应该了解并灵活运用现代教育技术，如多媒体教学、互动教学和个性化教学方法。

第一，多媒体教学。多媒体教学是指通过图像、音频、视频等多种媒体形式来呈现教学内容。教师可以利用电子白板、投影仪、音频设备等工具，展示丰富多样的教学资源，如图表、图片、音频和视频片段等，以增强学生对英语知识的理解和记忆。这种教学方法可以使教学更生动有趣，激发学生的兴趣和参与度。

第二，互动教学。互动教学注重师生之间的互动和合作。教师可以采用小组讨论、角色扮演、游戏和实地考察等活动，促进学生之间的合作与交流，并培养他们的语言交际能力和问题解决能力。互动教学能够激发学生的主动学习和思考能力，提高他们的学习动力和参与度。

第三，个性化教学。个性化教学是根据学生的个体差异性和学习特点，为每个学生提供个性化的学习支持和指导。教师应该了解学生的学习风格、兴趣和能力水平，根据学生的特点设计不同的学习任务和活动，提供有针对性的反馈和指导。个性化教学能够更好地满足学生的学习需求，帮助他们在学习英语方面取得更好的进步。

教师应该灵活运用不同的教学方法和策略，根据不同的教学目标和学生需求进行选择和组合。他们应该不断关注教学方法和策略的发展，积极参加专业培训和学术研讨，不断提升自己的教学能力和创新意识。通过有效的教学方法和策略，教师能够激发学生的学习兴趣和动力，提高他们的学习效果和成绩。

三、强调教学设计与评估

教学设计与评估是培养高中英语教学人才能力的重要方面。教师需要具备良好的教学设计和评估能力，这对于提供高质量的英语教育至关重要。教学设计涉及制定明确的教学目标、设计教学活动和任务，以及选择适当的教学资源和材料，以实现学生的学习目标。教师应该能够根据学生的学习需求和程度，合理安排教学内容和课程进度，以确保教学的连贯性和系统性。

在教学设计中，教师需要明确教学目标，即希望学生在学习结束时能够掌握的知识、技能和能力。教学目标应该具体、可衡量和可达到，并与学生的实际需求相符合。通过设定明确的教学目标，教师可以为教学活动和任务提供清晰的方向和指导，确保教学的有效性和效果。

教学评估是对学生学习成果的评价和反馈过程。教师应该能够设计和使用多样化的评估方法，以了解学生的学习进展和理解程度。评估方法可以包括课堂观察、作业和测验、口头和书面表达等多种形式。通过定期的评估，教师可以及时了解学生的学习情况，发现问题和困难，并根据评估结果调整教学策略和提供个性化的反馈和指导。

教师还应该鼓励学生参与自我评估和同伴评估，以培养他们的自主学习能力和合作精神。学生可以参与制定学习目标、评估自己的学习成果，并提供互相反馈和建议。这样的评估方式有助于学生主动参与学习过程，提高他们的学习动力和责任感。

教学设计与评估是相互关联和相辅相成的过程。通过良好的教学设计，教师能够提供有效的教学活动和任务，以满足学生的学习需求；通过有效的评估，教师能够了解学生的学习情况和进展，并根据评估结果进行必要的调整和改进。教学设计与评估的有效结合可以提高教学效果，帮助学生实现学习目标，并促进他们的全面发展。

四、提高跨学科教学能力

跨学科教学是培养高中英语教学人才能力的重要方面。英语教学人才应该具备跨学科教学的能力，能够将英语语言与其他学科知识相结合，帮助学生在不同领域中理解和应用英语语言。

跨学科教学可以帮助学生将英语学习与其他学科的内容相融合。例如，在英语课堂中，教师可以引入与历史、文学、科学、社会学等学科相关的话题和材料，通过探索和讨论这些话题，培养学生的跨学科思维和综合能力。通过与其他学科的融合，学生可以更好地理解和应用英语语言在实际生活和学习中的意义和价值。

跨学科教学还可以帮助学生建立知识之间的联系和综合运用能力。教师可以引导学生在英语学习中运用他们在其他学科中学到的知识和技能，从而提高他们的综合应用能力。例如，通过英语阅读和写作，学生可以探索科学、历史或文学领域的主题，并将相关的学科知识与英语语言结合起来，形成全面的认知。

跨学科教学还有助于培养学生的创新和解决问题的能力。通过将英语语言与其他学科的知识相结合，学生可以面对复杂的问题和挑战，并运用他们的语言技能和学科知识来提出创新的解决方案。这种跨学科的思维和实践培养了学生的批判性思维、创造力和合作精神。

教师在跨学科教学中发挥着重要的角色。他们需要具备广泛的学科知识和教学资源，并能够将这些知识和资源与英语教学相结合。教师应该设计和实施具有跨学科性质的教学活动，鼓励学生的跨学科思维和综合能力的发展。同时，教师还可以与其他学科的教师进行合作，共同制定跨学科项目和活动，提供更丰富和综合的学习体验。通过跨学科教学，英语教学人才可以帮助学生在英语学习中建立更广泛的知识框架，培养综合能力和创新思维，为学生的终身学习和发展奠定坚实的基础。

第三节　新课标背景下高中英语教学人才的发展路径

目前，高中英语的师资水平还有提升的空间，部分教师的文化素质、语言水平和教学技能都还有待于提高，有的教师在课堂上基本用汉语授课，有的语音不准确，语调不够纯正，语法错误较多，课堂语言单调贫乏，教学过程中大量存在以教师为中心、多讲少练的问题，阻碍学生语言运用能力的发展。这诸多问题的存在使得我们迫切需要采用不同的形式和途径提高教师的整体素质。新课标背景下高中英语教学人才的发展路径具体如下：

一、强调自主发展

教师自主学习和终身学习意识的加强是提高自身素质的重要的内在因素。教师要改变传统的文化传达者和知识传递者的角色，善于发现自己重复性工作中的创造和创新的可能性，拓展知识框架，提高知识技能，实现从匠人到师者的价值转换，成为一个终身学习的研究型人才。只有不断更新、丰富知识、扩大视野、增加内涵，才能适应教育改革的要求和自身精神生活的需要。要培养学生持续学习的能力，教师先应该是学生终身学习的榜样。"自主的学习是能力发展的主要推动力。"[①] 教师素质提高的过程应当是一种持续地运用自主学习手段整理分析教育经验、调整教育行为、提高教育理念和技能的过程。我国大部分优秀英语教师靠自己的不懈努力，不断拓展教育学识、更新教育观念、提高教育能力，取得了优秀的教学成绩。

教师提高专业水准和素质的自主性和积极性是确保继续教育成功实施的一个关键环节。目前，还有一部分教师对教研活动和理论学习的重要性认识不足，认为教学质量的好坏完全取决于自身的经验积累，这是片面的观点。经验固然重要，但没有理论支撑的经验对教学是远远不够的。在一个高度信息化的时代，一个急速变革的时代，只有用开放和积极的态度吸纳同行在实践中证明有效的教学手段和方法才能跟上时代的步伐。我们倡导学生要进行有效的"研究性学习"，这就要求作为"参与者与指导者"的教师，先应该是研究者，而恰恰在这一点上，我们的很多教师做得还不够。研究教学思想、教学设计、研究教材、研究教育对象应成为教师的终生课题。实现教师的自主发展，最重要的是主动发展。教师应把持续学习和提高教学素质视为教师职业价值的充分体现，视为教师个人生命升华的显著标志。因此，对于教师而言，不断学习和发展应该是"我要做"，而不是"要我做"。

二、注重合作发展

新课程是需要学校全体教师共同推进的开放型课程。在实施新课程的过程中，广大教师应形成一致目标，互相学习，彼此支持，共同成长。应扎实推进以校为本的教学研究，定期展开校内同行间的经验交流，改变教师之间彼此孤立与封闭的现象，丰富自己的知识结构，拓展课程资源。

教研组要灵活安排日程，丰富教研形式，开展听课评课、讲课、讨论等，这种活动不受时间、空间和人数的限制，具有灵活性和很强的操作性，它的作用表现在以下方面：促进教师对课程标准和教材的理解，厘清教材编写的目的和意图；可以帮助教师选择更优秀的教法，评课过程中要求教师讲清教学方法的依据，理清课堂教学过程，提供教学步骤；可以促进教师对学法的探讨等。

教师在教学活动中自始至终应该关注的问题是如何使学生"会学"，而不仅是"学会"。教研活动的目的不是要优胜劣汰，而是要博取众家之长，集思广益，促进教学。同行的指导和经验能够满足教师持续学习、终身学习的需要，对新的技能的传播具有积极的影响。立足学校开展培训和研究，使每一所学校都成为促进教师个人的实践与反思、教师间交流合作以及获得专业指导的基地。此外，在合作发展的过程中，学科骨干、优秀教师的榜样作用非常重要。

教研员是教学研究活动的组织者、指导者、研究者和促进者，在教育行政部门与教师之间起着桥梁纽带的作用。各级教研员应充分发挥督导和引导的作用，通过组织对比教研、互动式教研、联合式教研等活动，支持和帮助学校教师形成学习共同体，借助集体的智慧来提高教师的能力。教研员应该更新教育理念，开放教育思想，先做一个终身学习的榜样，定期地以各种形式展示优秀教师的教学过程，帮助提高年轻教师的业务素质，加强校际之间的交流，促进职责范围内整体教学效果的提高。

另外，各级教研部门开展的教学研究成果评选、课堂教学观摩等活动是很好地展示其先进教学思想和优秀教学过程的平台。定期组织安排教师观摩和学习，给教师提供机会了解同行如何做研究，如何对教学设计和课堂组织进行理论阐述，如何对自己的教学实践进行反思，如何利用现代化技术手段来改变和优化自己的教学实践。将优秀教师的教学过程录制下来，制成光盘，放入专业学习网站上使广大的教师得以观摩、分析，从中受益，这样可以做到学校之间、地区之间互通有无，资源共享。

三、给予专业支持

提高教师队伍的素质还需要通过教师的专业化培训来实现。通过培训，受训教师应系统地了解和把握语言教育基础理论和国内外英语教学的发展趋势，掌握英语学科最新教学理论和动态；能够运用新的教育观念和思想，设计高中英语课程、分析教材和研究课堂教学模式；能够熟练运用和掌握现代教育技术，熟练使用计算机及网络技术，能够独立制作多媒体课件；掌握系统的测试评估理论，能够对自己与同行的教学以及学生的学习表现做出科学的评估；具有相当的科研能力，能够总结反思教学得失等。在终身教育思想指导下，要求师资培训贯穿教师的整个职业生涯。

给予专业支持，首先要求教育部门和政策的制定者要对此予以重视，投入足够的资金，创造良好的环境和条件。学校的管理者应把教师培训与学生培养放在同等重要的位置上，解放思想，给予教师人文关怀，减轻教师低效、无效的劳动负担，让教师把主要时间、精力用在业务的学习和研究上；给教师营造一种宽松的民主氛围，让教师充分地发挥和施展自己的个性才华。要依据新课程的精神和教学改革的方向，来制定新的考评内容和标准。同时，考评制度不应该建立在盲目的追求形式和恶性竞争的基础上，其目的应该是促进教师的专业成长，成为引导教师学会反思、学会自我总结的过程。要从教师专业成长的全过程来看待教师考评的成果，在为学生建立成长档案的同时，也为教师建立成长档案，帮助教师全面了解自己，明确自己所处的成长阶段和进一步发展的方向。需要注意的是，培训的管理措施应该配套，解决教师在职学习和正常工作的矛盾，建立鼓励教师积极参加在职教育的有效机制。

例如，举办专题学术讲座和研讨会是一种很好的集体培训的方式。专家讲座一般由外请的专家讲授教学理念和方法，安排专家与教师见面，通过演讲、咨询、研讨等方法，使教师获得新知识、了解新动态、发展新理念和解决新问题。专家教授的内容要有时效性、针对性，能够切实解决教学中的实际问题。可以事先提交教师关心的问题请专家作答，避免盲目性。选择一个教师关心的主题，并围绕这一主题确定培训内容，选择培训专题，设定培训对象，被培训者以自愿为原则参加培训，其运行程序是：组织者确定主题—设定培训对象—广告宣传—教师自选—组织培训。培训内容主要反映教学实际，经过培训能有针对性地解决一些实际问题，以达到短、实、快的效果。

在实践中，部分教师对继续教育不是很重视，原因之一就是培训的内容常常"学非所需"，订单式的培训可以避免这个缺点，其宗旨是由教师自己选择学习的主题，让教师成为继续教育的主人，使培训成为教师的所需。培训活动应该以教师的个体特点为依据，以形成教师个性化的教学风格为目标，强调理论学习与实践研讨相结合。此外，在职培训一定要有后续的、长期的指导和实践。

在强调教师整体的专业化发展的同时，我们不能忽略一个客观事实，就是教师作为个人，是有鲜明的个体差异的。现代教学要求教师树立特色意识，形成个性化教学，教学方法要避免单一化、模式化、公式化，因此，在制定培训的内容和方式上不能够绝对地统一规划。同时应该遵循这样的原则，教师发展的核心不是对教师的优劣进行筛选，而是在承认有差异的基础上帮助教师个体认识自己，扬长避短，最大限度地发挥自身优势，最优化地实现自己的人生价值。针对不同年龄、不同水平、不同特长的教师确定不同的培训项目、培训标准和培训进度。

第四节　新课标背景下创新型高中英语教学人才的培养

"新课标实施以来，对教师的创新能力提出了新要求，教师创新能力的培养和提升尤为重要"①。新课标背景下创新型高中英语教学人才的培养策略具体如下：

一、创新教学理念

创新教学理念是在新课标背景下高中英语教学人才发展的重要方向之一。创新教学理念强调在教学过程中采用新颖的思维方式和教育方法，以激发学生的学习兴趣和创造力，提高他们的语言能力和综合素质。

第一，以学生为中心的教学：教师的教学理念将学生置于教学的核心地位。教师不再是单纯的知识传授者，而是学生学习的指导者和引导者。他们关注每个学生的个性差异和学习需求，通过个性化的教学设计和差异化的学习任务，满足学生的学习兴趣和需求，激

---

① 高俊岩. 新课标背景下教师创新能力的内涵与策略［J］. 辽宁教育，2023（2）：39.

发他们的学习动力和创造力。

第二，探究式学习：教师倡导探究式学习，通过让学生自主提出问题、进行探索和实践，培养他们的批判性思维和问题解决能力。教师可以设计开放性的探究任务和项目，鼓励学生团队合作、积极参与，并提供必要的指导和支持。这种探究式学习可以使学生在实践中掌握知识和技能，提高他们的学习效果和能力。

第三，创意教学：教师注重培养学生的创造力和创新思维。鼓励学生大胆表达出自己的想法，提供创造性的学习任务和项目，激发学生的想象力和创作能力。教师可以采用游戏化教学、角色扮演、艺术表演等方法，创设富有创意和活力的学习环境，促进学生的自主学习和创新思维的培养。

第四，技术融合教学：教师充分利用现代技术手段，将技术融入教学中。教师可以运用多媒体教学资源、在线学习平台、教育应用软件等，丰富教学内容，增加学习的趣味性和互动性。教师还可以鼓励学生利用技术工具进行学习和合作，开展虚拟实验、网络研究和在线交流等活动，拓宽学生的学习渠道和资源，培养他们的信息获取和处理能力。

第五，跨文化教学：教学理念注重培养学生的跨文化交际能力和全球意识。教师通过引入不同文化背景的材料、组织跨文化交流活动和开展国际合作项目等方式，让学生了解和尊重不同文化，提高他们的跨文化沟通能力和理解力。教师还可以鼓励学生参加国际交流和语言考试，提供国际化的学习机会，拓宽学生的国际视野和竞争力。

第六，情感教育：教师注重培养学生的情感素质和人际交往能力。教师要关注学生的情感发展和心理健康，创造温馨和谐的教育环境。教师可以通过情感教育课程、班会活动、个别辅导等方式，引导学生积极面对挫折，培养自信心和情商，提高他们的人际沟通和合作能力。

总而言之，创新教学理念强调学生中心、探究式学习、创意教学、技术融合、跨文化教学和情感教育等方面的重要性。通过运用这些创新教学理念，高中英语教学人才能够更好地满足新课标要求，培养学生的综合素质和语言能力，使他们在未来的社会发展中能够更好地适应和展现自己的潜力。

二、创新教学研究

创新教学研究是指高中英语教学人才在教学实践中积极探索和研究新的教学方法、策略和教学资源，以提升教学效果和学生学习成果，这种研究是基于对学生需求和教学环境的深入理解，旨在不断改进和创新教学过程，促进学生的综合素质发展。以下是创新教学研究的具体方向：

第一，创新课堂，实现跨学科教学。教师以"一基两变"（基本模式、学科变式、类别变式）课堂模式为基础，以教育信息化、智能化为手段，实现基于"互联网+"（线下+线上）的混合教学模式。课前，教师在线上发布学习任务，引导学生探究，根据问题调整教学设计；课上，教师挖掘学生的创造潜能，鼓励学生大胆想象、标新立异，引导学生运用头脑风暴、类比创造等创新方法在比较中找到最佳答案，解决知识获得、能力提升的问题；课下，教师辅助学生疏理知识、迁移应用，构建跨学科高效课堂。

第二，整合应用，实现学以致用。可以实施"优师培养"系列工程，对名师、骨干教师、特色教师、新教师等开展不同层级的创造力教学培训，提升教师的创造素养；通过课题研究锻炼中青年教师队伍，激发中青年教师参与研究的热情，促进教师队伍创新能力的内涵式发展。

第三，多元评价，实现效果提升。可以基于创造性思维、创造性人格以及基础知识等创造力评价要求，制定学生创造力培养层级目标。教师还需要在学科教学中有意识地对学生进行创造性思维的训练与培养，让学生在接受知识的过程中埋下创造的种子。

总而言之，没有教师的创新就没有教育的创新，也就难以培养学生的创新精神。当前，在新课标深入推进的重要时期，学校应在以立德树人为根本任务、以创新发展为主要特征的时代精神鼓舞下，继续在教学实践中挖掘教师的创新能力，提升教师的自主创新能力，为培养高质量创新型教师队伍夯实基础。

参考文献

［1］ 孙国芳. 高中英语教学中网络资源的有效利用［J］. 中国教育技术装备，2013（10）：13.

［2］ 陈云霞. 浅谈高中英语教学中的小组合作教学［J］. 中学生英语（初中版），2013（8）：34.

［3］ 高洪德. 高中英语新课程理念与教学实践［M］. 北京：商务印书馆，2005.

［4］ 高俊岩. 新课标背景下教师创新能力的内涵与策略［J］. 辽宁教育，2023（2）：39.

［5］ 黄蕙. 英语学习活动观下的高中英语单元听说教学实践［J］. 中小学英语教学与研究，2020（6）：37-41，56.

［6］ 雷志莲. 提高英语口语能力促进英语综合素质策略研究［J］. 高中生英语，2022（10）：36.

［7］ 李超. 高中英语课堂教学管理策略研究［J］. 课程教育研究，2018（36）：120.

［8］ 李菊霞. 浅谈新课标背景下如何创建高中英语高效课堂［J］. 考试周刊，2021，（10）：95-96.

［9］ 廖英. 高中英语教学中时效性资源的多维开发［J］. 教学月刊（中学版），2013（3）：12-14.

［10］ 彭素飞. 英语新闻在高中英语教学中的运用［J］. 教学月刊（中学版），2010（7）：9-11.

［11］ 彭雯雯. 高中英语分层教学策略研究［J］. 中学生英语，2020（38）：38.

［12］ 孙娜. 新课标下高中英语教学改革的感悟［J］. 科普童话：新课堂，2019（3）：1.

［13］ 孙玉兰. 新课标下高中英语课堂的管理研究框架构建［J］. 文渊（高中版），2020（5）：59.

［14］ 唐书哲，袁辉. 新课标背景下基于"副文本"的语篇理解策略［J］. 中小学英语教学与研究，2019（8）：22-24，30.

［15］ 万吉. 高中英语教学评价体系的现状反思与改进路径［J］. 现代交际，2019（18）：

206.

[16] 王德艳. 普通高中英语课堂教学现状及对策 [M]. 南昌：江西高校出版社，2012.

[17] 王海斌. 过程教学云在高中英语写作教学中的应用研究 [J]. 学周刊，2022（24）：54.

[18] 王丽爱. 例谈高中英语人文资源的开发利用 [J]. 教学与管理（中学版），2015（7）：46-48.

[19] 王璐. 高中英语交际教学模式浅谈 [J]. 西部素质教育，2017，3（22）：184.

[20] 王鹏，赵杰，张静. 基于 AI 技术的高中英语阅读课程资源开发实践 [J]. 中小学英语教学与研究，2022（9）：70-74，77.

[21] 谢晓莉. 高中英语课程资源的开发及其管理 [D]. 苏州：苏州高中，2017：4.

[22] 许名央，吴慧珍. 新课标改革背景下翻转课堂教学模式在高中英语课堂的实施 [J]. 海外英语，2019，（24）：211.

[23] 钟义铭. 巧用微课打造高中英语高效课堂 [J]. 科普童话，2020（15）：119.

[24] 周红娟. 高中英语教学评价改革及创新探讨 [J]. 新教育时代电子杂志（教师版），2017（17）：238.

[25] 周开陪. 新课标背景下高中英语教学方法探讨 [J]. 读与写（教育教学刊），2016，13（8）：139.

[26] 周科锋. 支架式教学理论在高中英语阅读教学中的应用 [J]. 语数外学习（高中版上旬），2020（8）：66.

[27] 周蕾. 高中英语阅读教学中支架式理论的应用策略 [J]. 新课程，2022（29）：166.

[28] 周荣. "互联网+"背景下高中英语游戏化教学初探 [J]. 新课程（下），2018（6）：98.

[29] 朱碧芳. 对新课标下高中英语教学目标的理解 [J]. 新课程（中学），2017（6）：53.